Handbuch für Maler und Lackierer
Abrechnung und Aufmaß

Eberhard Schilling

Handbuch für Maler und Lackierer
Abrechnung und Aufmaß

Deutsche Verlags-Anstalt

Eberhard Schilling studierte Betriebswirtschaftslehre und unterrichtet an der Schule für Farbe und Gestaltung in Stuttgart, außerdem ist er als Fachautor tätig. Das Buch entstand in Zusammenarbeit mit Martin Wies, Maler- und Lackierermeister sowie Sachverständiger bei der Handwerkskammer Ulm.

Alle Vorlagen für die Abbildungen stammen vom Autor, bis auf
Abbildung 20 nach: Kommentar zur VOB Teil C, Allgemeine Vertragsbedingungen (ATV) DIN 18363 – Maler- und Lackiererarbeiten – Beschichtungen sowie zur ATV DIN 18299 – Allgemeine Regelungen für Bauarbeiten jeder Art. Hg. Hauptverband Farbe Gestaltung Bautenschutz, DVA: München ²2008
Abbildung 91 nach Langhammer, Ernst: Beschichtungsflächen-Tabellen, Verlag Stahleisen, Düsseldorf ⁵2008

Das für dieses Buch verwendete FSC®-zertifizierte Papier
Tauro liefert Sappi, Stockstadt

1. Auflage (überarbeitete Fassung der Ausgabe von 2010)
Copyright © 2013 Deutsche Verlags-Anstalt, München,
in der Verlagsgruppe Random House GmbH
Alle Rechte vorbehalten
Umschlaggestaltung: Monika Pitterle, DVA/Büro Klaus Meyer, München
Layout: Die Herstellung, Stuttgart
Satz, Lithographie und Umbruch: Boer Verlagsservice, Grafrath
Gesetzt aus der Myriad Pro und Helvetica Neue
Druck und Bindung: Friedrich Pustet KG, Regensburg
Printed in Germany
ISBN 978-3-421-03919-4

www.dva.de

Inhalt

Vorwort 7

GRUNDLAGEN 9
A. Die Vergabe- und Vertragsordnung für Bauleistungen (VOB) 11
   1. Vorbemerkungen zum Werkvertrag 11
   2. Inhalt der VOB 11
   3. Nebenleistungen und Besondere Leistungen (DIN 18299) 12
   4. Vertragsarten im Überblick 13
B. Grundsätzliches zur Abrechnung nach VOB 14
   1. Prüfbarkeit von Abrechnungen 14
   2. Leistungsermittlung 14
   3. Schreibweise – Messurkunde oder Formel? 15

**ABRECHNUNG VON MALER- UND LACKIERARBEITEN –
BESCHICHTUNGEN (DIN 18363) ABRECHNUNG VON TAPEZIERARBEITEN
(DIN 18366)** 17
C. Abrechnung nach Flächenmaß 19
   1. Schreibregeln 19
   2. Aussparungen, Unterbrechungen und Leibungen 20
   3. Anwendungsbeispiel 28
D. Abrechnung nach Längenmaß und nach Stück 33
   1. Abrechnung nach Längenmaß 33
   2. Abrechnung nach Stück 35
E. Abrechnung verschiedener Objekte und deren Besonderheiten 36
   1. Deckenflächen und Fußböden 36
   2. Wandflächen 37
   3. Türen 41
   4. Fenster 43
   5. Fensterläden 45
   6. Heizkörper 45
   7. Stahlbauteile, Profilbleche, Gitter, Geländer 48
   8. Treppenhäuser 51
   9. Fassaden 55
   10. Übung zur Abrechnung verschiedener Objekte 61

ABRECHNUNG VERWANDTER GEWERKE 67

F. Abrechnung von Trockenbauarbeiten (DIN 18340) 69
  1. Grundlegende Vorschriften 69
  2. Aussparungen, Leibungen und Unterbrechungen 74

G. Abrechnung von Wärmedämm-Verbundsystemen (DIN 18345) 78
  1. Grundlegende Vorschriften 78
  2. Besondere Vorschriften 80

H. Abrechnung von Betonerhaltungsarbeiten (DIN 18349) 82
  1. Grundlegende Vorschriften 82
  2. Kanten, Bewehrungsstahl und Ausbrüche 84

I. Abrechnung von Putz- und Stuckarbeiten (DIN 18350) 87
  1. Innenarbeiten 87
  2. Aussparungen, Unterbrechungen und Leibungen 90
  3. Fassadenarbeiten 92
  4. Längenmaß 93

J. Abrechnung von Korrosionsschutzarbeiten an Stahlbauten (DIN 18364) 95
  1. Flächenmaß 95
  2. Längenmaß 96
  3. Masse 97

K. Abrechnung von Bodenbelagarbeiten (DIN 18365). 99

L. Abrechnung von Gerüstarbeiten (DIN 18451) 102
  1. Grundsätzliches 102
  2. Arbeits- und Schutzgerüste 105
  3. Gebrauchsüberlassung 111

ANHANG 113
Lösungen zu den Übungen im Textteil 115
Abrechnungsvorschriften der VOB, Ausgabe 2012 121
  – Auszug aus DIN 18299, 18363, 18340, 18345, 18349, 18350, 18364,
    18365, 18451 121
Tabellen 137
  – Heizkörper 137
  – Wellbleche 142
  – I-Träger und T-Stahl 143
  – Runde Stahlrohre 146
  – Winkelstahl 147
  – Rundkantiger U-Stahl und Z-Stahl 149
Literatur 151
Stichwortverzeichnis 153

Vorwort

Mit der Herausgabe der VOB 2006 wurden die Allgemeinen Technischen Vertragsbedingungen (ATV) DIN 18363 und DIN 18366 fachtechnisch überarbeitet. Im Rahmen der Überarbeitung sind auch einige Abrechnungsvorschriften geändert worden. Diese Änderungen waren vor allem notwendig, weil inzwischen neue Allgemeine Technische Vertragsbedingungen in die VOB/C eingegliedert wurden. Die Veröffentlichung der neuen ATV DIN 18340 »Trockenbauarbeiten« und ATV DIN 18345 »Wärmedämm-Verbundsysteme« sowie der überarbeiten ATV DIN 18350 im Januar 2005 hatte auch Auswirkungen auf die Abrechnung von Maler- und Lackiererarbeiten – Beschichtungen (DIN 18363) bzw. Tapezierarbeiten (DIN 18366). Insbesondere die Abrechnung von Leibungen wurde geändert, sodass nun eine nahezu einheitliche Abrechnung unterschiedlicher, aber voneinander abhängiger Gewerke möglich ist.

Für Auftragnehmer und Auftraggeber ergeben sich zahlreiche Änderungen der bisherigen Vorschriften. Die nun vorliegende Aktualisierung des Grundlagenwerks zu Abrechnung und Aufmaß berücksichtigt diese. Neben einer intensiven Darstellung und Erläuterung der Abrechnungsvorschriften der ATV DIN 18363 bzw. 18366 werden weitere sieben DIN-Vorschriften in Grundzügen vorgestellt. Zahlreiche Abbildungen veranschaulichen die entsprechenden Sachverhalte.

Für Maler und Stuckateure, aber auch für Architekten ist dieses Werk ein unerlässliches Hilfsmittel für die Praxis. Aufgrund der zahlreichen Beispiele und Übungen eignet sich dieses Buch außerdem für Meisterschüler und Studierende.

Stuttgart, im März 2007

Vorwort zur Ausgabe von 2013

Die in »Abrechnung und Aufmaß« kommentierten Allgemeinen Technischen Vertragsbedingungen (ATV) wurden in der VOB-Ausgabe 2012 nur redaktionell überarbeitet. Die jeweiligen Abrechnungsvorschriften blieben unverändert, sodass keine materiellen Änderungen erforderlich waren. Lediglich die DIN 18299 wurde in der VOB 2012 um einen Anhang mit Begriffsdefinitionen ergänzt, die in der vorliegenden Ausgabe berücksichtigt sind. Außerdem wurden einige Abbildungen ersetzt beziehungsweise Hinweise aktualisiert.

Stuttgart, im Dezember 2012

GRUNDLAGEN

A. Die Vergabe- und Vertragsordnung für Bauleistungen (VOB)

1. Vorbemerkungen zum Werkvertrag

Wird zwischen einem Bauherrn (Auftraggeber) und einem Bauunternehmer (Auftragnehmer) ein Bauvertrag abgeschlossen, handelt es sich immer um einen so genannten Werkvertrag. Nach § 631 ff. des Bürgerlichen Gesetzbuches (BGB) hat der Auftragnehmer das versprochene Werk frei von Sach- und Rechtsmängeln herzustellen und der Auftraggeber die vereinbarte Vergütung zu entrichten.

Nun hat sich schon zu Beginn des letzten Jahrhunderts gezeigt, dass die Regelungen des BGB den Bedürfnissen im Baubereich nicht immer gerecht werden. Bei der Suche nach Vertragsformen, die den Verhältnissen am Bau entsprechen, wurde zwischen 1921 und 1926 die erste Vergabe- und Vertragsordnung für Bauleistungen (früher Verdingungsordnung für Bauleistungen) erarbeitet und am 6. Mai 1926 veröffentlicht. Die VOB hat jedoch *keine Gesetzeskraft*, sondern muss stets ausdrücklich vereinbart werden.

2. Inhalt der VOB

VOB Teil A (DIN 1960):
»Allgemeine Bestimmungen für die Vergabe von Bauleistungen«
VOB/A regelt das gesamte Verfahren *bis zum Abschluss* eines Bauvertrages und wendet sich insbesondere an öffentliche Auftraggeber.
VOB/A wird grundsätzlich kein Vertragsbestandteil, ist aber für öffentliche Auftraggeber verbindlich.

VOB Teil B (DIN 1961):
»Allgemeine Vertragsbedingungen für die Ausführung von Bauleistungen«
VOB/B regelt die rechtlichen Beziehungen der Vertragspartner nach Abschluss eines Bauvertrages bis zur Erfüllung aller Vertragspflichten.
VOB/B wird Bestandteil des Werkvertrages, wenn die VOB vereinbart wurde.

VOB Teil C (DIN 18299 – DIN 18459):
»Allgemeine Technische Vertragsbedingungen für Bauleistungen (ATV)«
Beispiele:
DIN 18299 (Allgemeine Regelungen für Bauarbeiten jeder Art)
DIN 18345 (Wärmedämm-Verbundsysteme)

DIN 18363 (Maler- und Lackierarbeiten – Beschichtungen)
DIN 18366 (Tapezierarbeiten)

VOB/C enthält u. a. die für die Abrechnung von Leistungen wichtigen Abschnitte 0.5 und 5 (Abrechnungseinheiten und Abrechnungsvorschriften).

Nach § 1 VOB/B werden die Allgemeinen Technischen Vertragsbedingungen (VOB/C) immer Vertragsbestandteil, wenn die VOB vereinbart wurde. Allerdings gelten auch die DIN-Vorschriften der VOB/C als Allgemeine Geschäftsbedingungen (AGB) mit der Folge, dass der Auftraggeber von ihrem Inhalt in zumutbarer Weise Kenntnis nehmen kann. Wer daher sichergehen will, dass auch bei Verträgen mit Verbrauchern (privaten Auftraggebern) und bauunkundigen gewerblichen Auftraggebern die Abrechnungsregeln der betroffenen ATV einbezogen werden, sollte diese stets gesondert vereinbaren und die Texte der jeweiligen Abschnitte 5 aushändigen.

3. Nebenleistungen und Besondere Leistungen (DIN 18299)

Die *ATV DIN 18299* fasst diejenigen Regelungen zusammen, die einheitlich für alle Gewerke gelten. Die DIN 18299 wird – wie die anderen ATVs DIN 18300 ff. – Bestandteil des Bauvertrages, wenn die VOB vereinbart wird. Soweit die ATV 18300 ff. abweichende Regelungen enthalten, gehen diese der ATV DIN 18299 vor.
Die DIN 18299 definiert die Begriffe Nebenleistungen und Besondere Leistungen und ordnet ihnen konkrete Sachverhalte zu.

Nebenleistungen sind Leistungen, die auch ohne Erwähnung im Vertrag zur vertraglichen Leistung gehören. Eine besondere Vergütung für diese Leistungen wird in der Regel nicht gewährt; sie sind deshalb im Einheitspreis mit einzukalkulieren. Dazu zählt z. B. das Entsorgen von Abfall aus dem Bereich des Auftraggebers bis zu einem Kubikmeter, soweit der Abfall nicht schadstoffbelastet ist. Unter Abfall im Sinne dieser Vorschrift ist insbesondere an unbelasteten Bauschutt zu denken, der sich durch Stemmen von Schlitzen, Entfernen von Anstrichen und Tapeten, Wandbespannungen, Belägen und dergleichen ergibt.

Die DIN 18299 schreibt allerdings die Erwähnung von Nebenleistungen in der Leistungsbeschreibung vor, wenn ihre Kosten von *erheblicher* Bedeutung für die Preisbildung sind. In diesen Fällen sind besondere Positionen im Leistungsverzeichnis vorzusehen. Zu denken ist dabei insbesondere an das Einrichten und Räumen der Baustelle und an besondere Anforderungen an Zufahrten, Lager- und Stellflächen.

Besondere Leistungen sind Leistungen, die nicht Nebenleistungen sind und nur dann zur vertraglichen Leistung gehören, wenn sie in der Leistungsbeschreibung besonders erwähnt sind. Zu den Besonderen Leistungen gehört z. B. das Entsorgen von Sonderabfall aus dem Bereich des Auftraggebers oder das Entfernen alter Beschichtungen und Wandbekleidungen (DIN 18299 Abschnitt 4.2.13 bzw. DIN 18363 Abschnitt 4.2.7).

Erweisen sich im Vertrag nicht vorgesehene Besondere Leistungen nachträglich als erforderlich, so sind sie zusätzliche Leistungen nach § 1 Abs. 4 VOB/B und müssen gemäß § 2 Abs. 6 VOB/B vor Ausführungsbeginn vereinbart werden.

4. Vertragsarten im Überblick

Das Werkvertragsrecht kennt verschiedene Vertragsarten. Folgende Übersicht stellt die Vertragsarten nach § 4 VOB/A schematisch dar:

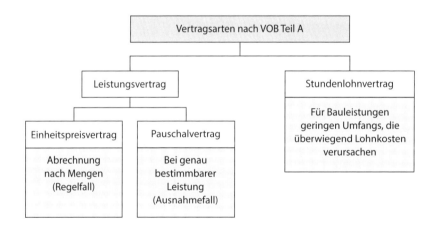

B. Grundsätzliches zur Abrechnung nach VOB

1. Prüfbarkeit von Abrechnungen

Die Abrechnung nach bestimmten Regeln ist aus Gründen der Prüfbarkeit von Massenberechnungen unumgänglich. Nach § 14 VOB/B hat der Auftragnehmer seine Leistung *prüfbar* abzurechnen.»Er hat die Rechnungen übersichtlich aufzustellen und dabei die Reihenfolge der Posten einzuhalten und die in den Vertragsbestandteilen enthaltenen Bezeichnungen zu verwenden.« Die zum Nachweis von Art und Umfang der Leistung erforderlichen Mengenberechnungen sind der Rechnung beizulegen. Im Maler- und Lackiererhandwerk bestehen diese Mengenberechnungen in der Regel in einem Aufmaß, bei dessen Erstellung die Vorschriften der jeweiligen ATV einzuhalten sind.

Gemeinsames Aufmessen mit dem Auftraggeber bzw. einem bevollmächtigten Architekten erspart in der Praxis oft längere Nachprüfungen. Dies ist sogar notwendig, wenn Leistungen bei Weiterführung der Arbeiten später nur noch schwer oder überhaupt nicht mehr festgestellt werden können (§ 14 Abs. 2 VOB/B). Erscheint der Auftraggeber oder dessen Bevollmächtigter trotz rechtzeitiger Mitteilung nicht zum gemeinsamen Termin, kann der Auftragnehmer das Aufmaß auch alleine aufstellen. Die Beweispflicht für die Unrichtigkeit des Aufmaßes liegt nun beim Auftraggeber.

Wird vom Auftragnehmer keine prüfbare Rechnung vorgelegt, kann der Auftraggeber nach Ablauf einer angemessenen Frist diese selbst *auf Kosten des Auftragnehmers* aufstellen (§ 14 Abs. 4 VOB/B).

2. Leistungsermittlung

a) Abrechnungsvorschriften der DIN 18299

Gemäß DIN 18299 Abschnitt 5 ist die Leistung aus *Zeichnungen* zu ermitteln, soweit die ausgeführte Leistung diesen Zeichnungen entspricht. Sind solche Zeichnungen nicht vorhanden, ist die Leistung *aufzumessen*. In der Praxis kommt die Abrechnung aufgrund von Zeichnungen (Bauplänen) insbesondere bei Neu- und Umbauten vor. Bei diesen ist eine Massenermittlung oder Massenprüfung für die zuverlässige Angebotskalkulation oft schon vor Baubeginn erforderlich.

b) Abrechnungseinheiten

Die Abschnitte 0.5 der Technischen Vertragsbedingungen geben jeweils Hinweise auf die üblichen und zweckmäßigen Abrechnungseinheiten für die einzelnen

Objekte. Die DIN 18363 sieht beispielsweise die Abrechnung nach Flächenmaß, nach Längenmaß, nach Anzahl und nach Masse (kg, t) vor. Die Hinweise im Abschnitt 0.5 werden zwar nicht Vertragsbestandteil, sollten aber beachtet werden, um eine zuverlässige Preiskalkulation zu ermöglichen. Insbesondere dort, wo das Leistungsverzeichnis nicht eindeutig ist, kann sich für den Auftragnehmer ein zusätzlicher Vergütungsanspruch ergeben. Entsprechend den dargestellten Vertragsarten sind jedoch auch Abrechnungen nach Pauschalsumme oder nach Stundenlohn möglich.

c) Leistungsermittlung

Die einzelnen DIN-Normen der VOB/C enthalten die jeweiligen Abrechnungsvorschriften im Abschnitt 5. Es handelt sich in der Regel um Vereinfachungen. Einige ATVs unterscheiden zwischen der Abrechnung nach Rohbaumaßen und der nach Fertigmaßen. Die DIN 18363 und die DIN 18366 regeln jeweils im Abschnitt 5.1.1, dass grundsätzlich nur mit dem Maß der behandelten Fläche abgerechnet werden darf. Eine Unterscheidung in eine Leistungsermittlung *nach Zeichnung* und *nach Aufmaß* (vor Ort) ist nicht vorgesehen. Es gelten daher immer die Maße des *fertigen* Bauteils und der *fertigen* Aussparung. Dort, wo Baupläne die Grundlage für die Abrechnung bilden, ist aus den Rohbaumaßen unter Berücksichtigung von Estrichhöhen und Putzstärken das tatsächliche Maß zu ermitteln. Die Abrechnung nach Rohbaumaßen gilt beispielsweise für die Abrechnung von Putz- und Stuckarbeiten im Innenbereich und für Bodenbelagsarbeiten.

3. Schreibweise – Messurkunde oder Formel?

Die VOB selbst und auch die Kommentare geben keinerlei Hinweise auf die Darstellung und Schreibweise von Aufmaßen. Grundsätzlich sind sowohl Aufmaße mittels Messurkunde als auch »mathematische Formen« möglich. Beide Arten führen bei richtiger Anwendung abgesehen von Rundungsdifferenzen zu denselben Ergebnissen. Der Vorteil der »mathematischen Form« liegt in der komprimierten Darstellung und der geringeren Schreibarbeit. Der Forderung nach Prüfbarkeit und Übersichtlichkeit entspricht eher das Aufmaß in »Spaltenform« mittels einer Messurkunde.

Mathematische Form (vgl. Abb. 1, S. 16)

Pos. 1 Deckenfläche $(5{,}08 \times 4{,}32) + (2{,}72 \times 2{,}02)$ = **27,44**

Pos. 2 Wandflächen $2 \times (5{,}08 + 6{,}34) \times 2{,}40$ = 54,82
       Fensterabzug $-1 \times (2{,}26 \times 1{,}35)$ = −3,05
                                                                       51,77

Pos. 3 Leibungen:
Fenster   (2 × 1,35) + 2,26   =   4,96
Balkontür (2 × 2,15) + 1,01   = +5,31
                                  10,27

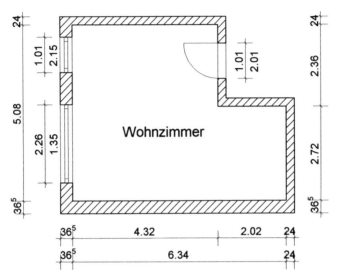

Abb. 1 Wohnzimmer mit Fertigmaßen, Raumhöhe 2,40 m

Spaltenaufmaß

Pos. Nr.	Bezeichnung	Stück +	Stück −	Abmessungen Länge	Abmessungen Breite	Abmessungen Höhe	Messgehalt	Abzug	reiner Messgehalt
1	Deckenfläche	1		5,08	4,32		21,95		
		1		2,72	2,02		5,49		
							27,44		27,44
2	Wandflächen	2		5,08	2,40		24,38		
		2		6,34	2,40		30,43		
	Fenster	1		2,26	1,35			3,05	
							54,81	3,05	51,76
3	Leibungen								
	Fenster	2		1,35			2,70		
		1		2,26			2,26		
	Balkontür	2		2,15			4,30		
		1		1,01			1,01		
							10,27		10,27

ABRECHNUNG VON MALER- UND LACKIERARBEITEN – BESCHICHTUNGEN (DIN 18363)
ABRECHNUNG VON TAPEZIERARBEITEN (DIN 18366)

Die Abrechnungsbestimmungen der DIN 18366 »Tapezierarbeiten« entsprechen im Wesentlichen denen der DIN 18363 »Maler- und Lackierarbeiten – Beschichtungen«, sodass auf eine Differenzierung verzichtet wurde.

C. Abrechnung nach Flächenmaß

Bei der Abrechnung von Maler- und Lackiererarbeiten spielt die Ermittlung von Flächenmaßen eine herausragende Rolle. Nach Abschnitt 5.1.1 der DIN 18363 beziehungsweise der DIN 18366 sind immer die Maße der behandelten Flächen zugrunde zu legen. Dabei sind die Bauteile (z. B. Decken und Wände) *einzeln* zu messen. Sie enden an der Kante oder Fluchtlinie des jeweiligen Bauteils. Auch wenn die Beschichtungsarbeiten typischerweise nicht die ganze Fläche des Bauteils betreffen, z. B. Fleckspachtelungen oder Putzausbesserungen, ist die Fläche des gesamten Bauteils zu rechnen.

1. Schreibregeln

Um die Prüfung von Mengenberechnungen zu erleichtern, sind einige allgemein verwendete Schreibregeln zu beachten.[1]

(1) *Liegende Flächen* ohne Raumbegrenzung (z. B. Balkonuntersichten, Dachuntersichten):
(größere) Länge × (kleinere) Breite

(2) *Stehende Flächen* (z. B. Fenster, Türen, Wandflächen):
Grundlinie (Breite) × Höhe

(3) *Flächen in Räumen* (z. B. Decken-, Wandflächen, Fußboden):
Das Maß der Straßen- oder Fensterseite zuerst schreiben, sofern dies eindeutig ist. Es können auch andere – regional übliche – Schreibweisen verwendet werden, wenn zwischen den Vertragspartnern Übereinstimmung besteht. Wichtig ist allein der Aspekt der Prüfbarkeit.

(4) Für *Stockwerke und Wohnungen*:
An der Eingangstür/Wohnungstür links beginnen und im Uhrzeigersinn die Räume messen, zum Schluss den Flur.

(5) Für die *Stückzahl gleichartiger Flächen/Teile und die Anzahl der Anstrichseiten*:
Stückzahl vorne, Angabe der Beschichtungsseiten hinten.

(6) Die *Maße* werden in Metern mit zwei Dezimalstellen geschrieben. Häufig findet man bei der Leistungsermittlung aus der Zeichnung eine dritte Dezimalstelle (z. B. 88^5 oder 47^3). Hier ist kaufmännisch auf- oder abzurunden. Bei der

---

[1] Vgl. Kommentar zur VOB Teil C – DIN 18363, München 2008, S. 160 f.

Addition oder Subtraktion von Einzelmaßen aus der Bauzeichnung ist jedoch mit 3 Nachkommastellen zu rechnen (1,255 + 2,755 = 4,01 m). Die Ergebnisse (Messgehalt) werden beim Flächenmaß (m²) und beim Längenmaß (m) bis auf zwei Stellen hinter dem Komma auf- oder abgerundet. Wird allerdings von einzelnen Auftraggebern grundsätzlich eine dritte Dezimalstelle verlangt, sollte dem selbstverständlich entsprochen werden.

(7) Es werden nur *vorhandene Maße* geschrieben. Das sind Maße, die entweder am Objekt gemessen werden oder aus der Zeichnung direkt zu entnehmen sind. Sind Maße aus der Bauzeichnung nur durch Addition oder Subtraktion vorhandener Maße zu ermitteln, sollte dies beim Aufmaß selbst – und/oder durch Ergänzung in den Zeichnungen – kenntlich gemacht werden (*errechnetes Maß*).

(8) *Vorgehensweise*:
- In einem mehrgeschossigen Gebäude im obersten Stock beginnen und Stockwerk für Stockwerk messen. Exakte Bezeichnungen verwenden.
- Bei Fassaden die Himmelsrichtungen als Bezeichnung angeben (z. B. Giebel-Ost).

2. Aussparungen, Unterbrechungen und Leibungen

a) Begriffsdefinitionen

Aussparungen
Als *Aussparung* gelten neben Öffnungen und Nischen auch alle sonstigen Teilflächen, die nicht oder anders als die sie umgebende Fläche behandelt werden, z. B. Wandfliesen, Rollladenkästen, Kamine, Pfeiler, Rohrdurchführungen. Unmittelbar zusammenhängende, verschiedenartige Aussparungen werden stets getrennt gerechnet (vgl. Abb. 8).

Öffnungen
Öffnungen als Sonderfall einer Aussparung sind konstruktionsbedingte Durchbrüche in Decken, Wänden oder Fußböden, z. B. Türen, Fenster, Durchgänge, Lichtkuppeln. Nach Abschnitt 5.2.1 gelten auch raumhohe Öffnungen als Aussparung im Sinne der VOB (vgl. hierzu Abb. 82, S. 90).

Nischen
Nischen sind Vertiefungen in Wänden, Decken und Fußböden, die das entsprechende Bauteil nicht vollständig durchdringen, z. B. Heizkörpernischen. Die Tie-

fe einer Wandnische ist also stets kleiner als die Wandstärke. Entsprechendes gilt für Vertiefungen in Decken und Fußböden.

Unterbrechungen
Bei der Ermittlung der Flächenmaße sind *Unterbrechungen* trennende (durchgängige) Aussparungen geringer Breite in der zu bearbeitenden Fläche. Sie entstehen durch ein anderes Bauteil, das nicht oder anders als die zu bearbeitende Fläche oder Teilfläche behandelt wird und diese dadurch horizontal oder vertikal unterbricht. Dazu zählen insbesondere Unterzüge, Vorlagen, Fachwerkteile, Gesimse, Podeste und Stützen. Bei der Ermittlung der Längenmaße gelten als Unterbrechungen alle trennenden, nicht zu behandelnden Abschnitte am zu bearbeitenden Objekt.

Leibungen
Leibungen sind Begrenzungsflächen von Öffnungen und Nischen. Leibungen gelten nur als solche, wenn sie innerhalb der Wanddicke bzw. des Bauteils liegen. Schräg verlaufende Leibungen sind schräg zu messen. Leibungen können stets gesondert abgerechnet werden. Leibungen, die über die Wandstärke hinausreichen, z. B. vorgesetzte Blumenfenster und Lichtkuppeln, oder »Leibungen«, die erst durch Schornsteine, Einbauschränke und dergleichen entstehen, gelten als eigenständige Wand.

b) Grundregeln
Die einzelnen Bestimmungen der DIN 18363 zur Abrechnung von Öffnungen, Aussparungen und Nischen sind komplex formuliert und bedürfen der Interpretation. In fünf Grundregeln, die auch für die Wärmedämmung, den Trockenbau und die Putz- und Stuckarbeiten gelten, lassen sich die wesentlichen Bestimmungen zusammenfassen. Die Abbildungen 2 bis 8 veranschaulichen diese.

Grundregel 1
Aussparungen, z. B. Öffnungen und Nischen (anders behandelt als die Wand) *bis 2,5 m² Einzelgröße* werden, immer *übermessen*.
Wurden Leibungen mitbehandelt (z. B. beim Fenster), sind diese gesondert zu rechnen. (Siehe Abb. 2)

Grundregel 2
Aussparungen, z. B. Öffnungen und Nischen (anders behandelt) *über 2,5 m² Einzelgröße* werden *abgezogen*.
Wurden Leibungen mitbehandelt (z. B. beim Fenster), sind diese gesondert zu rechnen. (Siehe Abb. 3 u. 4)

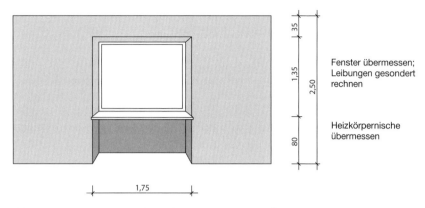

Abb. 2 Fenster und Nische (anders behandelt) jeweils ≤ 2,5 m² (zu Grundregel 1)

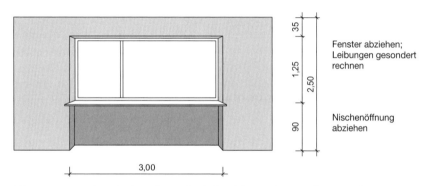

Abb. 3 Fenster und Nische (komplett anders behandelt) jeweils > 2,5 m² (zu Grundregel 2)

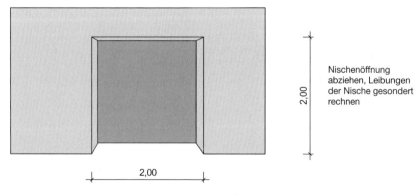

Abb. 4 Nischenrückfläche (anders behandelt) > 2,5 m² (zu Grundregel 2)

Grundregel 3

Bei Nischen *bis 2,5 m²*, die gleich behandelt werden wie die Wände, werden die *Rückfläche* und die *Leibungen* gesondert gerechnet. (Abb. 5)

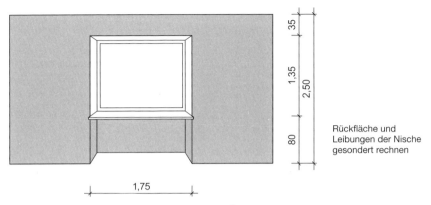

Abb. 5 Heizkörpernische (gleich behandelt) ≤ 2,5 m²

Grundregel 4

Bei Nischen *über 2,5 m²*, die gleich behandelt werden wie die Wände, werden nur die *Leibungen* gesondert gerechnet. (Abb. 6)

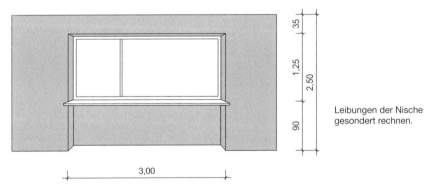

Abb. 6 Heizkörpernische (gleich behandelt) > 2,5 m²

Grundregel 5

Unterbrechungen von behandelten Flächen durch andere Bauteile, z. B. Fachwerkteile, Balken, Unterzüge und Vorlagen, werden *bis 30 cm Einzelbreite übermessen.*

C. ABRECHNUNG NACH FLÄCHENMASS

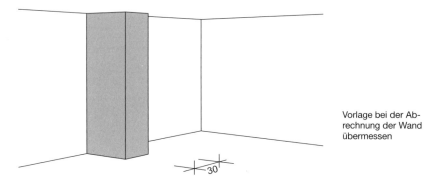

Abb. 7 Vorlage (anders behandelt)

Zu beachten ist:
Verschiedenartige Aussparungen werden nie als ein zusammenhängender Abzug gerechnet, auch wenn sie unmittelbar aneinanderstoßen. Maßgebend für die Abrechnung ist jeweils die Einzelgröße (Abb. 8).

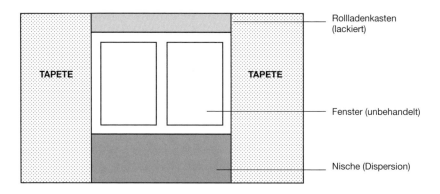

Abb. 8 Rollladenkasten, Fenster und Heizkörpernische jeweils ≤ 2,5m²

Alle 3 Objekte werden bei der Abrechnung der Wandfläche übermessen.

c) Besonderheiten
Bei der Anwendung der Grundregeln sind folgende Besonderheiten zusätzlich zu beachten (Abb. 9 bis 13):

(1) *Fenster-Tür-Elemente* gelten als *eine* Öffnung

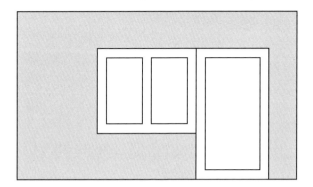

Fenster und Türe gelten als eine *konstruktive Einheit*. Sie müssen abgezogen werden, wenn beide Teilöffnungen zusammen größer als 2,5 m² sind.

Abb. 9
Fenster-Tür-Element

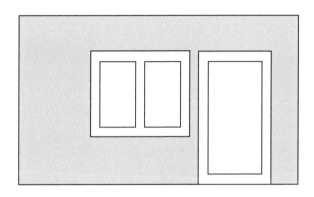

Fenster und Türen gelten als *getrennte* Öffnungen. Sie müssen abgezogen werden, wenn sie jeweils größer als 2,5 m² sind.

Abb. 10 Fenster und Tür als getrennte Elemente

(2) *Über Eck* reichende *Aussparungen* werden je begrenzendes Bauteil (z. B. Wand) *gesondert* gerechnet (Abb. 11 und 12).

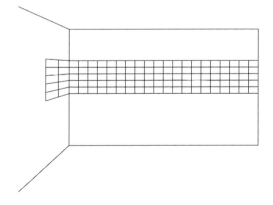

Jede Wand endet dort, wo sie von der anderen begrenzt wird. Die beiden Aussparungen werden also getrennt gerechnet.

Abb. 11 Fliesen über Eck

C. ABRECHNUNG NACH FLÄCHENMASS

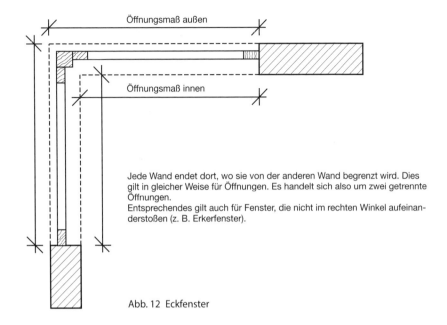

Abb. 12 Eckfenster

(3) Öffnungen und andere Aussparungen, die in verschieden abzurechnende Fläche hineinragen, werden *anteilig* gerechnet (Abb. 13).

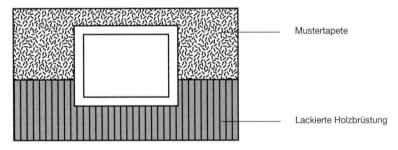

Abb. 13 Anteilige Fensteröffnung

Die Fensteröffnung wird anteilig berücksichtigt. Ein Abzug erfolgt nur bei derjenigen Anstrichfläche, deren Fensteranteil größer ist als 2,5 m².

(4) Bei der Ermittlung von Abzugsmaßen für Aussparungen sind die *kleinsten Maße* zugrunde zu legen. Das bedeutet beispielsweise, dass als Türöffnung das lichte Maß nach dem Einbau der Zarge maßgebend ist und bei schrägen Leibungen das kleinste (lichte) Öffnungsmaß.

Übung zu den Grundregeln

(Lösung im Anhang, S. 115 f.)

Ermitteln Sie für beide Zeichnungen die jeweilige Wandfläche und die Abrechnungslänge der Leibungen.

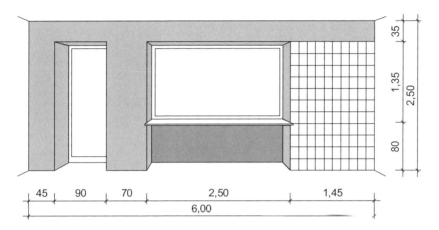

Abb. 14 Wandfläche 1 mit Türe, Fenster, Heizkörpernische und Fliesen

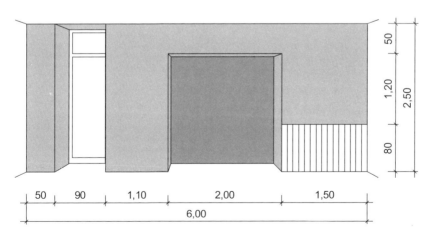

Abb. 15 Wandfläche 2 mit Türe, Nische und Holzverkleidung

C. ABRECHNUNG NACH FLÄCHENMASS

3. Anwendungsbeispiel

Leistungsverzeichnis

Auftraggeber: Dr. E. Walter
Dachsweg 5
70 499 Stuttgart

Baustelle: Drei-Zimmer Eigentumswohnung
Renovierungsarbeiten
Haydnstraße 20
70 195 Stuttgart

Pos. 1 Deckenflächen in Kind, Eltern, Wohnen und Küche
Raufasertapete mit hellgetönter Dispersion deckend streichen

Pos. 2 Wandfläche in Küche inkl. Leibungen
Kunstharzputz mit Dispersion streichen

Pos. 3 Heizkörpernischen in Kind und Eltern komplett
Heizkörpernische-Rückfläche in Küche
hellgetönte Dispersion deckend streichen

Pos. 4a Wandflächen in Kind und Eltern
alte Tapete entfernen, kleine Risse und Löcher ausspachteln,
Prägetapete auf Stoß tapezieren

Pos. 4b Fensterleibungen aus Pos. 4a wie dort behandeln

Pos. 5 Decken in Bad und WC, Wände in WC
Raufasertapete zweimal mit scheuerbeständiger Dispersion streichen

Pos. 6a Wandflächen in Wohnen inkl. Heizkörpernischen
Textiltapete entfernen, Untergrund spachteln
Glasgewebe kleben und mit hellgetönter Latexfarbe streichen

Pos. 6b Leibungen aus Pos. 6a wie dort behandeln

Pos. 7 Decken- und Wandflächen im Flur
Decke abwaschen und alte Tapete an den Wänden entfernen,
Raufaser, mittelgrob, tapezieren, zweimal hellgetönte Dispersion streichen

Angaben zur Bauzeichnung

Raumhöhe Fertigmaß   2,42 m
Leibungstiefen Fenster und Heizkörpernischen   0,15 m
Putzstärken bleiben bei der Abrechnung unberücksichtigt

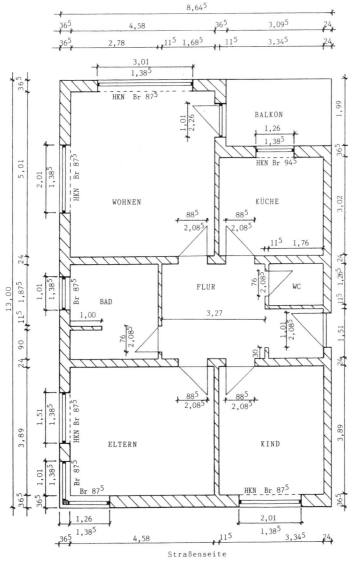

Abb. 16 Drei-Zimmer-Eigentumswohnung

C. ABRECHNUNG NACH FLÄCHENMASS

Aufmaß

Firmenstempel

Auftraggeber
Dr. E. Walter, Dachsweg 5, 70499 Stuttgart
Objekt/Baustelle
Drei-Zimmer-ETW, Haydnstraße 20, 70195 Stuttgart

Art der Arbeit Renovierung **Blatt Nr.** 1/2 **Datum**

Pos. Nr.	Bezeichnung	Stück +	Stück −	Länge	Breite	Höhe	Messgehalt	Abzug	reiner Messgehalt
1	Deckenfläche, Raufasertapete hellgetönte Dispersion streichen								
	Kind	1		3,35	3,89		13,03		①
	Eltern	1		4,58	3,89		17,82		
	Wohnen	1		4,58	5,01		22,95		
	Küche	1		3,35	3,02		10,12		
							63,92		**63,92**
2	Wände in Küche inkl. Leibungen, Kunstharzputz mit Dispersion streichen								
	Wände	2		3,35	2,42		16,21		②
		2		3,02	2,42		14,62		
	Fenster-Leibungen	2		0,15	1,39		0,42		③
		1		0,15	1,26		0,19		
	HKN-Leibungen	2		0,15	0,95		0,29		
							31,73		**31,73**
3	HKN in Kind und Eltern komplett, HKN-Rückfläche in Küche, hellgetönte Dispersion streichen								
	Kind	1		2,01	0,88		1,77		
	Lbg	2		0,15	0,88		0,26		
	Eltern	1		1,51	0,88		1,33		
	Lbg	2		0,15	0,88		0,26		
	Küche	1		1,26	0,95		1,20		
							4,82		**4,82**
4a	Wände in Kind und Eltern, alte Tapete entfernen, spachteln, Prägetapete tapezieren								
	Kind	2		3,35	2,42		16,21		②
		2		3,89	2,42		18,83		
	Fenster		1	2,01	1,39			2,79	④
	Eltern	2		4,58	2,42		22,17		⑤
		2		3,89	2,42		18,83		②
							76,04	2,79	**73,25**

C. ABRECHNUNG NACH FLÄCHENMASS

Art der Arbeit		Renovierung			Blatt Nr.	2/2	Datum	
Pos. Nr.	Bezeichnung	Stück +	Stück −	Länge	Breite	Höhe	Messgehalt	Abzug	reiner Messgehalt

Pos. Nr.	Bezeichnung	+	−	Länge	Breite	Höhe	Messgehalt	Abzug	reiner Messgehalt
4b	Fensterleibungen aus Pos. 4a wie dort behandeln								
	Kind	2		1,39			2,78		⑥
		1		2,01			2,01		
	Eltern	4		1,39			5,56		
		1		1,41		err	1,41		⑦
		1		1,16		err	1,16		
		1		1,51			1,51		
							14,43		**14,43**
5	Decken in Bad und WC und Wände im WC, Raufasertapete zweimal scheuerbeständige Dispersion streichen								
	Bad Decke	1		2,78	2,89	err	8,03		⑦
	WC Decke	1		1,76	1,27		2,24		
	Wände	2		1,76	2,42		8,52		
		2		1,27	2,42		6,15		
							24,94		**24,94**
6a	Wände in Wohnen inkl. HKN, Textiltapete entfernen, Untergrund vorbereiten Glasgewebe kleben und Latexfarbe streichen								
	Wände Wohnen	2		4,58	2,42		22,17		
		2		5,01	2,42		24,25		
	Fenster		1	3,01	1,39			4,18	④
	HKN 1 Rückfläche	1		2,01	0,88		1,77		⑨⑧
	Fenster		1	2,01	1,39			2,79	④
							48,19	6,97	**41,22**
6b	Leibungen aus Pos. 6a wie dort behandeln								
	Wohnen Fensterlbg	4		1,39			5,56		⑥
		1		2,01			2,01		
		1		3,01			3,01		
		2		2,26			4,52		
		1		1,01			1,01		
	HKN-Leibungen	4		0,88			3,52		
							19,63		**19,63**
7	Decke und Wände im Flur, Decke abwaschen, alte Tapete entfernen, mittelgrobe Raufaser tapezieren, zweimal hellgetönte Dispersion streichen								
	Decke	1		3,27	2,89	err	9,45		⑦
		1		1,88	1,51	err	2,84		
	Wände	2		5,15	2,42	err	24,93		
		2		2,89	2,42	err	13,99		
	Vorsprung	2		0,30	2,42		1,45		
							52,66		**52,66**

C. ABRECHNUNG NACH FLÄCHENMASS

Erläuterungen

① Die Abrechnung der Räume erfolgt im Uhrzeigersinn. Die Maße der Straßenseite werden zuerst geschrieben.

② Die Heizkörpernischen in Küche, Kind und Eltern sind entsprechend der Grundregel 1 zu übermessen. Dabei ist es unerheblich, ob die Leibungen der Nischen wie die Wände oder wie die Rückfläche behandelt werden.

③ Die Leibungen werden hier, wie im Leistungsverzeichnis gefordert, nach Flächenmaß hinzugerechnet.

④ Die Fenster in Kind und Wohnen werden entsprechend der Grundregel 2 abgezogen. Die Leibungen sind hinzuzurechnen (vgl. Pos. 4b bzw. 6b).

⑤ Alle Fenster in Eltern werden übermessen; die Öffnungen sind jeweils kleiner als 2,5 m². Die Leibungen sind hinzuzurechnen (vgl. Pos. 4b).

⑥ Für Leibungen besteht eine eigene Position, die nach Abschnitt 0.5.2 nach Längenmaß abzurechnen ist.

⑦ Maße, die nicht direkt aus der Zeichnung zu entnehmen sind, sondern nur durch Addition oder Subtraktion vorhandener Maße entstehen, können entsprechend kenntlich gemacht werden.
Beim Eckfenster ist zu den oberen Leibungslängen jeweils die Leibungstiefe von 0,15 m hinzuzurechnen.

⑧ Bei der Heizkörpernische 2 (3,01 × 0,875) werden entsprechend der Grundregel 4 nur die Leibungen hinzugerechnet (vgl. Pos. 6b). Die Rückfläche ist mit der Wandflächenberechnung abgegolten.

⑨ Bei der Heizkörpernische 1 wird entsprechend der Grundregel 3 die Rückfläche hinzugerechnet. Die Leibungen sind zusätzlich zu rechnen (vgl. Pos. 6b).

D. Abrechnung nach Längenmaß und nach Stück

1. Abrechnung nach Längenmaß

DIN 18363, Abschnitt 0.5.2, nennt die wichtigsten Objekte, für die eine Abrechnung nach Längenmaß vorgesehen ist. Dazu zählen nun auch Pfeiler, Lisenen, Stützen, Unterzüge, Vorlagen, Gesimse, Untersichten von Dachüberständen und Pilaster mit einer Breite *bis 1 m* je Ansichtsfläche. Außerdem können andere »längliche« Gegenstände wie Schattenfugen, Handläufe, Stäbe, Fensterbänke und dergleichen nach Meter abgerechnet werden, wenn das Leistungsverzeichnis keine andere Abrechnungseinheit vorsieht.

Übermessen werden alle *Unterbrechungen bis 1,00 m Einzellänge*. Als Unterbrechung gilt immer der Abstand zwischen zwei horizontal verlaufenden Enden (Abb. 17 bis 19).

Abb. 17 Durchgang   Abb. 18 Tür mit Futter und Bekleidung   Abb. 19 Tür mit schräg verlaufender Leibung

Leibungen dürfen nach DIN 18363 und DIN 18366 unabhängig von der dazugehörigen Öffnung oder Nische immer zusätzlich abgerechnet werden (Abschnitt 5.1.3). Sieht das Leistungsverzeichnis selbständige Positionen für Leibungen vor, sind diese nach *Längenmaß* abzurechnen. Die Breite der Leibung spielt dann keine Rolle. Sind keine eigenständigen Positionen für Leibungen vorhanden und enthält das Leistungsverzeichnis in den entsprechenden Decken- bzw. Wandpositionen keinen Hinweis, sollten Leibungen nach § 2 Abs. 6 VOB/B als zusätzliche Leistung vor Beginn der Arbeiten angezeigt werden. Der Anspruch auf die Vergütung von Leibungen im Rahmen der Abrechnung von Wand- bzw. Deckenflächen besteht aber auf jeden Fall.

Rohre werden bis zu einem Umfang *von 90 cm* nach Längenmaß gerechnet. Schieber, Flansche und dergleichen werden übermessen und sind – sofern bearbeitet – in einer gesonderten Position nach Stück zu rechnen.

Die Länge der *Dachrinne* ist am vorderen Wulst zu messen, der Rinnenquerschnitt ist anzugeben. *Fallrohre* werden im Außenbogen gerechnet (Abb. 20). Bei anderen Bauteilen gilt im Zweifel die Mittellinie.

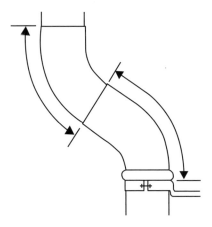

Abb. 20 Fallrohr mit Bogen

Gesimse, Umrahmungen und Faschen werden in der *größten Länge* gerechnet (Abb. 21). Bei Gesimsen ist an den Innenecken an der untersten Kante, bei Außenecken an der obersten Kante zu messen (Abb. 22).

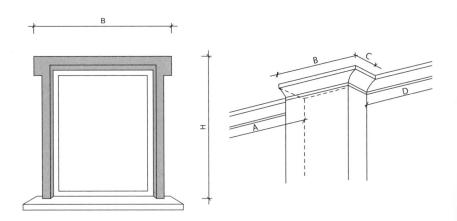

Abb. 21 Umrahmung mit Fensterbank; größte Länge = 2 × H + B

Abb. 22 Gesimse; größte Länge = A + B + 2 × C + D

Übung (Lösung im Anhang, S. 116)
Eine umlaufende Fußleiste von 0,15 m Höhe in einem Raum mit 4,00 m × 6,00 m wird beschichtet. Im Raum befindet sich ein Durchgang mit dem Öffnungsmaß 1,50 m × 2,10 m. Die Zimmertür hat die Fertigmaße 0,86 × 1,99.

2. Abrechnung nach Stück

DIN 18363, Abschnitt 0.5.3, nennt eine Reihe von Objekten, für die eine Abrechnung nach Anzahl (Stück) in Frage kommt. Neu aufgenommen wurde die Möglichkeit, Decken, Wände, Böden und Bekleidungen *bis 2,5 m² Einzelgröße* nach Anzahl (Stück) abzurechnen. Dies kann z. B. bei Nischen ≤ 2.5 m² zweckmäßig sein, wenn diese nicht wie die umgebenden Wände behandelt werden. Sind für diese Kleinflächen keine Positionen im Leistungsverzeichnis vorgesehen, ist deren Abrechnung im Voraus zu vereinbaren.

Grundsätzlich kann jedoch eine Abrechnung nach Stück für alle Bauteile zum Tragen kommen, für die weder Flächen- noch Längenmessungen möglich oder sinnvoll sind (z. B. Treppenstufen, Schränke, Ständer, Zählerkästen, Abdeckungen, Kaminköpfe, Riegel, Rosetten).

Anstelle der Flächenmaßabrechnung kann die Stückabrechnung, die in einem einfachen Abzählen der Bauteile besteht, bei einer größeren Zahl nahezu gleicher Bauteile sinnvoll sein. Die ATV erlaubt in Abschnitt 5.1.13 *Maßabweichungen* von den vorgeschriebenen Maßen *bis jeweils 5 cm in der Höhe und Breite und 3 cm in der Tiefe*.

Beispiel: vorgeschriebenes Türmaß: 0,90 m × 2,00 m; der Toleranzbereich liegt zwischen 0,85 m × 1,95 m und 0,95 m × 2,05 m

In der Praxis wird diese Regelung häufig sogar noch großzügiger gehandhabt. So werden bei hohen Stückzahlen einzelne Maßabweichungen außerhalb den von der DIN 18363 vorgesehenen Toleranzen meist akzeptiert.

Bei der Abrechnung nach Stück ist eine genaue Beschreibung der Bauart und der einzelnen Abmessungen sehr wichtig; insbesondere dann, wenn überhaupt kein oder kein differenziertes Leistungsverzeichnis vorliegt und vor Ort aufgemessen wird.

Beispiel

12 Isolierglasfenster, zweiflügelig, 1,60 m × 1,29 m allseitig beschichten

Pos. Nr.	Bezeichnung	Stück +	Stück −	Abmessungen Länge	Abmessungen Breite	Abmessungen Höhe	Messgehalt	Abzug	reiner Messgehalt
	Isolierglasfenster, zweiflügelig, allseitig								
		12		1,60	1,29	2			12 Stück

Die Zahl 2 in der Spalte Höhe gibt die Zahl der Anstrichseiten an, was entsprechende Auswirkungen auf den Stückpreis hat.

E. Abrechnung verschiedener Objekte und deren Besonderheiten

Der Maler und Lackierer hat am Bau verschiedenartige Objekte zu bearbeiten. Unterschiedliche Anordnungen und Bauarten der Objekte führen häufig zu verschiedenen Abrechnungsergebnissen. Außerdem sind für einige Bauteile besondere Abrechnungsvorschriften zu beachten.

1. Deckenflächen und Fußböden

a) Deckenflächen

Grundsätzlich gelten als Begrenzung von Deckenflächen die entsprechenden Wandanschlüsse. Kehlen, Gesimse, Schattenfugen etc. bleiben dabei unberücksichtigt.

Unterzüge, Balken usw., die wie die Deckenfläche behandelt werden, sind zu übermessen; die Seitenteile müssen jedoch hinzugerechnet werden.
Werden Unterzüge, Deckenbalken, Stuckelemente und dergleichen anders oder überhaupt nicht behandelt, handelt es sich um *Unterbrechungen*, die *bis zu einer Breite von 30 cm* zu übermessen sind (vgl. Grundregel 5). Damit wird der Mehraufwand für das Beschichten an den Übergängen von der Decke zu den entsprechenden Bauteilen abgegolten. Bei einem Deckenbalken, der bündig mit der Wand abschließt, handelt es sich um keine Unterbrechung, sodass dieser nicht übermessen werden darf (Abb. 23).

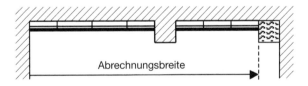

Abb. 23 Abgehängte, bearbeitete Deckenfläche mit Unterzug und Deckenbalken ≤ 30 cm Breite

Aussparungen wie Kamine, Pfeiler, Treppenöffnungen, Deckenfenster, Oberlichter und Glasbausteine dürfen *bis 2,5 m² Einzelgröße übermessen* werden (vgl. Grundregel 1), größere sind entsprechend abzuziehen. Bei der Flächenermittlung von *gewölbten Decken* wird in der Abwicklung gerechnet.

Erschwernisse bei der Behandlung von Deckenflächen (z. B. Kassettendecken) sind nicht in der abgerechneten Fläche, sondern im Preis zu berücksichtigen.

b) Fußböden

Bei Fußbodenbeschichtungen werden Aussparungen nur bis zu einer *Einzelgröße von 0,5 m² übermessen*, größere müssen abgezogen werden.

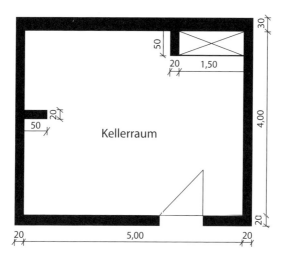

Abb. 24 Kellerraum mit Vorsprung und Einbauschrank

Pos. Nr.	Bezeichnung	Stück +	Stück −	Abmessungen Länge	Abmessungen Breite	Abmessungen Höhe	Messgehalt	Abzug	reiner Messgehalt
	Fußbodenbeschichtung	1		5,00	4,00		20,00		
	Schrank		1	1,70	0,50			0,85	
	(kein Abzug des Vorsprungs da < 0,50 m²)						20,00	0,85	19,15

2. Wandflächen

Wandflächen werden nach der Schreibregel Grundlinie × Höhe in die Messurkunde eingetragen. Da in rechtwinkelig angeordneten Räumen stets zwei Wandseiten die gleiche Länge (Grundlinie) haben, ist die Stückzahl zu verdoppeln.

Für die *Ermittlung der Leistung* gilt als Wandhöhe grundsätzlich das Maß der tatsächlich behandelten Fläche, also das Maß von der Oberfläche des Fertigfußbodens bis zur Unterfläche der Fertigdecke. Deckenputze, Estriche, abgehängte Decken und Systemböden dürfen nicht übermessen werden (Abb. 25), außer wenn vor Einbau der abgehängten Decke oder des Estrichs gestrichen wurde.

E. ABRECHNUNG VERSCHIEDENER OBJEKTE UND DEREN BESONDERHEITEN

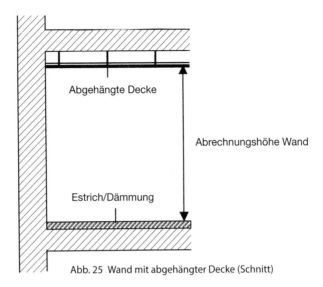

Abb. 25 Wand mit abgehängter Decke (Schnitt)

Allerdings wird das Prinzip der Abrechnung nach Fertigmaß durch die Vorschrift im Abschnitt 5.1.2 durchbrochen. Danach werden *Leisten, Sockelfliesen und dergleichen nur bis 10 cm Höhe übermessen* (Abb. 26). Dies gilt nun auch für Leisten, die die Wand nach oben zur Decke begrenzen. Leisten und Sockelfliesen über 10 cm Höhe sind von der Wandhöhe abzuziehen (Abb. 27).

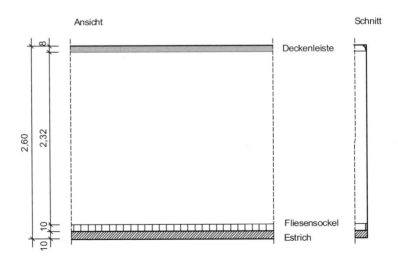

Abb. 26 Wandfläche mit Fliesensockel ≤ 10 cm; Estrichhöhe: 10 cm; Deckenleiste: 8 cm; Abrechnungshöhe: 2,50 m

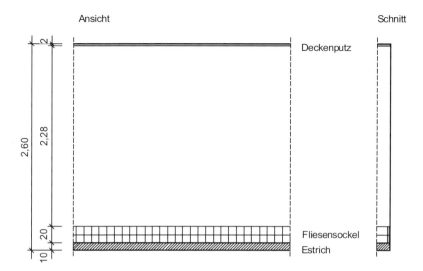

Abb. 27 Wandfläche mit Fliesensockel: 20 cm; Estrichhöhe: 10 cm; Deckenputz: 2 cm; Abrechnungshöhe: 2,28 m

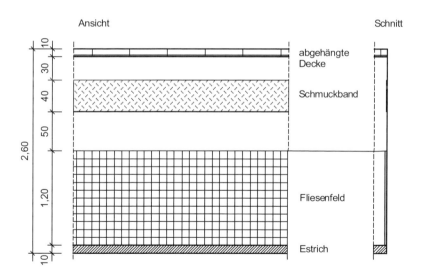

Abb. 28 Wandfläche mit abgehängter Decke, Fliesen und Schmuckband; Fliesenhöhe: 1,20 m; Höhe Schmuckband: 0,40 m; Abgehängte Decke: 10 cm; Estrichhöhe: 10 cm; Abrechnungshöhe: 1,20 m

Das Fliesenfeld und der Estrich sowie die abgehängte Decke sind von der Wandhöhe abzuziehen, sodass sich eine Abrechnungshöhe von 1,20 m ergibt. Das Schmuckband innerhalb der zu bearbeitenden Fläche ist kein unterbrechendes Bauteil nach Abschnitt 5.2.1.2, sondern eine Aussparung, die bis 2,5 m² übermessen wird.

Bei *vieleckigen* Einzelflächen ist zur Ermittlung der Maße das kleinste umschriebene Rechteck zugrunde zu legen (Abschnitt 5.1.8). Diese Regel gilt insbesondere für Flächen, deren exakte Flächenberechnung einen unverhältnismäßig hohen Aufwand bedeuten würde (Abb. 29).

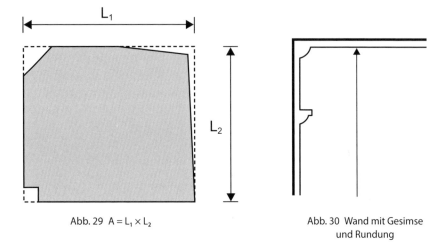

Abb. 29 $A = L_1 \times L_2$

Abb. 30 Wand mit Gesimse und Rundung

Gesimse und Mauervorsprünge sind bei der Ermittlung der Wandhöhe zu übermessen. Kehlen und Rundungen bleiben unberücksichtigt (Abb. 30).
Das Tapezieren von Gesimsen, Hohlkehlen und Rundungen ist nach DIN 18366 eine Besondere Leistung. Dies gilt ebenso für das farbige Absetzen dieser Bauteile.
Die Wandhöhen *überwölbter Räume* werden bis zum Gewölbeanschnitt gerechnet. Die Wandhöhe von *Schildwänden* ist nur bis zu ⅔ des Gewölbestichs zu messen. Letzteres gilt entsprechend bei Fenster- und Türöffnungen mit Rundbögen.

Die Höhe von *Dachschrägen* wird in Schrägrichtung gemessen. Für Öffnungen gelten die bekannten Regeln. Die beiden Dreiecksflächen und die kleine Deckenfläche dürfen zur Wandfläche hinzugerechnet werden. Ein Abzug des Fensters hat nur zu erfolgen, wenn die Öffnung im senkrechten Bereich mehr als 2,5 m² beträgt (Abb. 31).

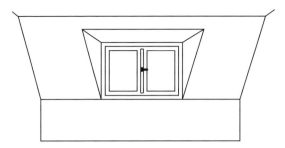

Abb. 31 Dachschräge mit Dachfenster

3. Türen

Für die Abrechnung von Türen können zwei Abrechnungseinheiten zur Anwendung kommen: Flächenmaß oder Anzahl (Stück). Bei der Abrechnung nach Stück sind die üblichen Maßtoleranzen zu beachten (vgl. Abrechnung nach Stück). Werden Türen nach *Flächenmaß* abgerechnet, hat man sich an der ATV DIN 18363 Abschnitte 5.1.6 und 5.1.7 zu orientieren. *Türblätter* werden je beschichtete Seite gerechnet. Glasfüllungen oder andere Füllungen, Aussparungen sowie Vor- und Rücksprünge bleiben unberücksichtigt. *Futter und Bekleidungen* von Türen sind in der abgewickelten Fläche zu rechnen (Abb. 32). Bei Türblättern mit einer *Dicke von mehr als 60 mm* werden jedoch die *Türfalze zusätzlich gerechnet* (Abb. 33).

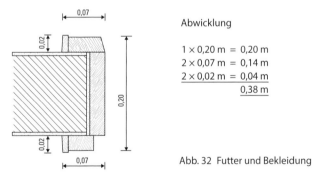

Abwicklung

$1 \times 0{,}20$ m $= 0{,}20$ m
$2 \times 0{,}07$ m $= 0{,}14$ m
$2 \times 0{,}02$ m $= 0{,}04$ m
                      $0{,}38$ m

Abb. 32 Futter und Bekleidung

Beispiel 1: 10 Türen (beidseitig) mit Futter und Bekleidung
Maße: 0,86 m × 2,00 m; Abwicklung: 0,38 m

Pos. Nr.	Bezeichnung	Stück +	Stück −	Abmessungen Länge	Abmessungen Breite	Abmessungen Höhe	Messgehalt	Abzug	reiner Messgehalt
	Türblätter	10		0,86	2,00	2	34,40		
	Futter und Bekleidung	20		0,38	2,00		15,20		
		10		0,38	0,86		3,27		
							52,87		52,87

E. ABRECHNUNG VERSCHIEDENER OBJEKTE UND DEREN BESONDERHEITEN

Beispiel 2: 2 Brandschutztüren (beidseitig)
Maße: 1,00 × 2,00 m; Falzbeschichtung seitlich und oben; Türblattstärke: 0,10 m

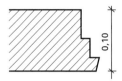

Pos. Nr.	Bezeichnung	Stück +	Stück −	Abmessungen Länge	Abmessungen Breite	Abmessungen Höhe	Messgehalt
	Türblätter	2		1,00	2,00	2	8,00
	Falze	4		0,10	2,00		0,80
		2		0,10	1,00		0,20
							9,00

Abb. 33 Türblatt mit einer Dicke > 60 mm

Im Beispiel 2 wäre es auch zulässig, die Gesamtlänge der Stirnseiten zu addieren und mit der Türblattstärke zu multiplizieren (2 × 5,00 × 0,10).
Türblätter mit Blockzarge (Stockrahmen) werden als Einheit nach Fläche oder nach Stück abgerechnet. Bei der Flächenermittlung sind Türblattstärken und Zargentiefen von mehr als 60 mm zusätzlich zu berücksichtigen (Abb. 34).

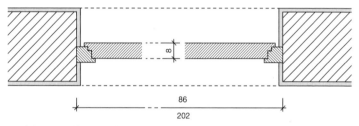

Abb. 34 Türblatt mit Blockzarge, Türblattstärke bzw. Zargentiefe > 60 mm

Beispiel 3: 2 Türblätter mit Blockzarge (beidseitig); Maße: 0,86 m × 2,02 m; Türblattstärke und Zargentiefe: 0,08 m; Abwicklung Stirnseite der Türen und der Zarge: 0,12 m (vgl. Abb. 34)

Pos. Nr.	Bezeichnung	Stück +	Stück −	Abmessungen Länge	Abmessungen Breite	Abmessungen Höhe	Messgehalt	Abzug	reiner Messgehalt
	Türen mit Blockzarge	2		0,86	2,02	2	6,95		
	Abwicklung Stirnseiten	8		0,12	2,02		1,94		
		4		0,12	0,86		0,41		
							9,30		9,30

Sind diese Türblätter mit Blockzarge nach Stück abzurechnen, wäre folgendes Aufmaß anzugeben:

Pos. Nr.	Bezeichnung	Stück +	Stück −	Abmessungen Länge	Abmessungen Breite	Abmessungen Höhe	Messgehalt	Abzug	reiner Messgehalt
	Türen mit Blockzarge	2		0,86	2,02	2			2 Stück

E. ABRECHNUNG VERSCHIEDENER OBJEKTE UND DEREN BESONDERHEITEN

Grundsätzlich ist bei der Abrechnung von Türen das Maß der behandelten Fläche zugrunde zu legen. Damit gelten immer die tatsächlichen Maße des Türblattes. Bei *Blendrahmentüren*, die gewöhnlich in einem Maueranschlag sitzen, sind daher die Innen- und die Außenseite getrennt zu rechnen.

Für das Aufmaß von Futter und Bekleidungen hat sich der Ansatz mit dem Maß des Türblatts als ebenfalls praktikabel erwiesen. Berechnungen haben ergeben, dass Ungenauigkeiten gegenüber der tatsächlichen Profilabwicklung unbedeutend sind und eine exakte Flächenermittlung einen unvertretbar hohen Abrechnungsaufwand verursacht.

Schwierigkeiten bestehen bei der Ermittlung der Beschichtungsfläche aus Zeichnungen, sofern diese nur die Maße der Rohbauöffnung enthalten. Bei Mengenberechnungen in Angeboten genügen Näherungsmaße, sodass hier die Berücksichtigung der Estrichhöhe ausreicht. Für eine exakte Flächenberechnung ist immer ein Aufmaß vor Ort erforderlich.

Übungen
(Lösungen im Anhang, S. 116)

Objekt: Mehrfamilienhaus mit 12 Eigentumswohnungen

Position 1 70 Wohnungs- und Zimmertüren (beidseitig) mit Futter und Bekleidung
– *Abrechnung nach Flächenmaß* –
Maße: 46 Türen: 0,89 m × 2,02 m; Abwicklung: 0,40 m
24 Türen: 0,76 m × 2,02 m; Abwicklung: 0,28 m

Position 2 4 Eingangstüren (beidseitig) mit Blockzarge
– *Abrechnung nach Stück* –
Maße: 1,00 m × 2,15 m

Position 3 12 Stahltüren (beidseitig) mit Stahlumfassungszargen
– *Abrechnung nach Flächenmaß* –
Maße: 0,95 m × 2,00 m; Abwicklung: 0,36 m

Position 4 2 Brandschutztüren (beidseitig) mit Eckzarge
– *Abrechnung nach Flächenmaß* –
Maße: 1,00 m × 2,10 m; Türblattstärke: 0,08 m; Falzbeschichtung seitlich und oben
Abwicklung Eckzarge: 0,18 m

4. Fenster

Grundsätzlich lassen sich Fenster nach *Flächenmaß* oder nach *Anzahl (Stück)* abrechnen. Liegt ein Leistungsverzeichnis vor, hat man sich an diesem zu orientieren. Bei der Abrechnung nach Stück ist darauf zu achten, dass nur nahezu gleichartige Fenster unter einem Einheitspreis zusammengefasst werden können. In der Praxis wird daher in der Regel die Abrechnung nach Flächenmaß zur Anwendung kommen. Abgerechnet wird mit dem Maß des fertig eingebauten Fensters je Anstrichseite, und zwar in ebener Fläche. Haben Innen- und Außenseiten verschiedene Abmessungen (z. B. bei Maueranschlägen), sind grundsätzlich die beschichteten Seiten getrennt zu messen. Ist jedoch die Flächendifferenz gering, kann bei mehrseitigem Anstrich das Maß der Innenseite für alle Seiten verwendet werden. Dies gilt auch für die Flügel-Zwischenseiten bei Verbundfenstern (Doppelfenstern).

Beispiel

2 Isolierglasfenster, allseitig; Maße: 2,00 m × 1,35 m
3 Isolierglasfenster, allseitig; Maße: 1,40 m × 1,35 m

Pos. Nr.	Bezeichnung	Stück +	Stück −	Abmessungen Länge	Abmessungen Breite	Abmessungen Höhe	Messgehalt	Abzug	reiner Messgehalt
	Isolierglasfenster	2		2,00	1,35	2	10,80		
		3		1,40	1,35	2	11,34		
							22,14		**22,14**

Übermessen werden Glasscheiben, Glashalteleisten, Falzüberdeckungen, Füllungen und die Profilstärke. Bauartbedingte Erschwernisse (z. B. Sprossenfenster) führen nicht zu höheren Massen, sondern sind im Einheitspreis zu berücksichtigen. Bei *Kastenfenstern* wird jedoch die Tiefe des Kastens als Leibung hinzugerechnet. Großscheibenverglasungen wie *Schaufenster* können natürlich ebenfalls wie Fenster nach Flächenmaß abgerechnet werden. Da ihre Rahmen jedoch eher zu den Profilen zählen, sollte man die Abrechnung nach Längenmaß (getrennt je Anstrichseite) vorziehen.

Übungen

(Lösungen im Anhang, S. 117)

Position 1   10 Isolierglasfenster – allseitig – *Abrechnung nach Flächenmaß* –
Maße: 1,40 m × 1,20 m

Position 2   12 Doppelfenster – allseitig – *Abrechnung nach Stück* –
Maße: 1,20 m × 1,00 m

Position 3 20 Isolierglasfenster – allseitig – *Abrechnung nach Flächenmaß* –
Maße:
5 Fenster: 1,60 m × 1,40 m
7 Fenster: 1,20 m × 1,385 m
4 Fenster: 2,00 m × 1,30 m
4 Fenster: 1,00 m × 0,80 m

Position 4 5 Kastenfenster – allseitig – Abrechnung nach Flächenmaß –
Maße: 1,26 m × 1,35 m; Kastentiefe: 0,20 m

5. Fensterläden

Für Fensterläden und Rollläden sieht die VOB die Abrechnung nach Anzahl (Stück) getrennt nach Bauart und Maßen vor. Dies ist bei einer Vielzahl unterschiedlicher Bauteilgrößen nicht sinnvoll, sodass nach wie vor die Abrechnung nach Flächenmaß zur Anwendung kommen wird. Bei der Abrechnung nach Flächenmaß sind grundsätzlich die tatsächlichen Maße je Anstrichseite anzusetzen.

Werden *Klappläden* nach Flächenmaß gemessen, können mehrflügelige Teile *je Garnitur* abgerechnet werden. Vereinfachend lässt sich hier das Öffnungsmaß des Fensters schreiben, wenn die Läden nur unwesentlich von diesem abweichen.
Als *Nebenleistung* gelten das Aus- und Einhängen, die Kennzeichnung, der Anstrich von Mauerkloben, Riegeln und Beschlägen – sofern sie wie die Läden behandelt werden – und das Reinigen der Läden von loser Verschmutzung.
Als *Besondere Leistung* werden der Anstrich von Ausstellereinrichtungen (Abrechnung nach Längenmaß), das Ablaugen alter Anstriche und alle Arten von farblichen Absetzarbeiten extra vergütet.

Auch *Rollläden* können mit dem Maß der Fensteröffnung gerechnet werden, da sie in der Regel in die Öffnung des Fensters eingepasst sind. Zu den *Besonderen Leistungen* zählen der Anstrich von Ausstellereinrichtungen und Laufschienen (Abrechnung nach Längenmaß).

6. Heizkörper

a) Abrechnung von Heizkörpern nach Tabellen

Heizkörper sind nach Tabellen abzurechnen, sofern solche vorhanden sind. Da Tabellen den *Wert der Heizfläche* angeben, sind diese insbesondere bei allseitiger Beschichtung anzuwenden. In der Praxis ist deshalb der Einsatz von Tabellen vor allem bei der Bearbeitung von Radiatoren angezeigt. Werden Plattenheizkörper allseitig beschichtet (z.B. beim Fluten), können auch dort Tabellen zur Anwendung kommen. Liegen keine Heizflächentabellen vor, ist nach der abgewickelten Fläche aufzumessen.

Beispiel 1: Radiatoren
Stahlradiator DIN 4722 20/600/160

Pos. Nr.	Bezeichnung	Stück +	Stück −	Abmessungen Länge	Abmessungen Breite	Abmessungen Höhe	Messgehalt
1	Heizkörper – Stahlradiatoren DIN 4722						
	DIN 4722	20		600	160	0,205	4,10
		⇩		⇩	⇩	⇩	
		Gliederzahl		Bauhöhe	Bautiefe	**Faktor** aus der Tabelle	

Messgehalt = Anzahl der Glieder × Faktor
(Bauhöhe und Bautiefe sind nur notwendig für die Ermittlung des Faktors aus der Tabelle.)

Sind mehrere Heizkörper mit der gleichen Gliederzahl vorhanden, kann vor die Anzahl der Glieder im Feld Bezeichnung die entsprechende Anzahl der Heizkörper geschrieben werden. Bei der EDV-unterstützten Abrechnung sind die Zeilen entsprechend der Anzahl der gleichen Heizkörper zu kopieren.

Beispiel 2: Plattenheizkörper
2 Plattenheizkörper mit Konvektionsblechen, Type DK (Schäfer), 1,50 m/600 mm

Pos. Nr.	Bezeichnung	Stück +	Stück −	Abmessungen Länge	Abmessungen Breite	Abmessungen Höhe	Messgehalt
2	Plattenheizkörper						
	Schäfer DK	2		1,50	600	5,53	16,59
		⇩		⇩	⇩	⇩	
		Anzahl Heizkörper		Baulänge	Bauhöhe	**Faktor je m** Baulänge aus der Tabelle	

Messgehalt = Anzahl der Heizkörper × Baulänge (in m) × Faktor
(Die Bauhöhe ist nur notwendig für die Ermittlung des Faktors je m aus der Tabelle.)

b) Abrechnung von Heizkörpern nach abgewickelter Fläche (nach Aufmaß)
Beim Errechnen der Anstrichfläche mittels Aufmaß können Naben und Wölbungen nicht exakt abgewickelt werden. Es sind deshalb nur Näherungswerte möglich, was jedoch in der Praxis allgemein akzeptiert wird. Als hilfreich hat sich die Verwendung von sog. *Multiplikatoren* für Radiatoren und Plattenheizkörper er-

wiesen. Der Multiplikator berücksichtigt die prozentuale Oberflächenvergrößerung des Heizkörpers und sollte im Zweifel vor Ausführungsbeginn mit dem Auftraggeber festgelegt werden.

Folgende Tabelle kann als Anhaltspunkt für die Festlegung von Oberflächenvergrößerungen dienen:

Heizkörpertypen	Multiplikator
DIN-Stahlradiatoren	2,2
DIN-Gussradiatoren	2,8
Stahl-Flachradiatoren	2,5
Guss-Säulenradiatoren	2,5
Stahl-Röhrenradiatoren	2,3
Plattenheizkörper, schwach profiliert	2,1
Plattenheizkörper, stark profiliert	2,3

Beispiel 3: Flächenermittlung mittels Multiplikator
1 DIN-Gussradiator 30/600/220
2 Plattenheizkörper, stark profiliert, 1 Reihe, 2,00 m/500 mm

Pos. Nr.	Bezeichnung	Stück +	Stück −	Abmessungen Länge	Abmessungen Breite	Höhe	Messgehalt
3	Heizkörper						
	DIN-Gussradiator	30		0,60	0,22	2,8	11,09
		Gliederzahl		Bauhöhe in m	Bautiefe in m	**Multiplikator**	
	Platten, stark profiliert	2		2,00	0,50	2,3	4,60
		Anzahl Heizkörper		Baulänge in m	Bauhöhe in m	**Multiplikator**	
							15,69

c) Besonderheiten

Werden montierte Radiatoren bearbeitet, sind diese auch dann allseitig abzurechnen, wenn nicht zugängliche Stellen unbehandelt bleiben. Plattenheizkörper, bei denen nur die Vorderseite beschichtet wird, sind nur mit dem halben Faktor bzw. Multiplikator abzurechnen. Bei mehrreihigen Plattenheizkörpern, für die keine Tabellen existieren, ist dagegen der Multiplikator entsprechend zu vervielfältigen. Für Sondertypen ist die Art des Aufmaßes vor Arbeitsbeginn gesondert zu vereinbaren. Konsolen, Halterungen und Anschlussstücke sind nach Stück abzurechnen. Rohrleitungen sind nach Längenmaß aufzumessen, wobei Flansche, Ventile und dergleichen übermessen werden.

Als *Nebenleistungen* bei Heizkörperbeschichtungen zählen insbesondere:
- Anschleifen zur besseren Haftung nachfolgender Beschichtungen;
- Entfernen von Staub und lose sitzenden Putz- und Betonteilen durch Abfegen, Absaugen und durch leichtes Schaben mit der Spachtel;
- Abkleben der Ventile für Beschichtungsarbeiten.

Übungen (Lösung im Anhang, S. 117)

Position 1 Radiatoren unterschiedlicher Bauart
 – *Abrechnung nach Tabellen* –
 1 Gussradiator   DIN 4720 neu   20/580/160
 2 Stahlradiatoren   DIN 4722 neu   22/600/110
 1 Guss-Säulenradiator   16/870/140
 1 Stahl-Röhrenradiator mit 3 Säulen   20/750/100

Position 2 Plattenheizkörper unterschiedlicher Bauart
 – *Abrechnung nach Tabellen* –
 2 Buderus PKKP   2,50/600
 1 Hagan PK 22   1,00/500
 2 Schäfer EK   1,50/600
 1 Schäfer DKEK   0,60/300

Position 3 Radiatoren unterschiedlicher Bauart
 – *Abrechnung nach Abwicklung* –
 1 Gussradiator   20/500/160
 1 Guss-Säulenradiator   16/800/140
 (Multiplikator s. S. 47)

7. Stahlbauteile, Profilbleche, Gitter, Geländer

a) Stahlbauteile

Bei der Beschichtung von Stahlbauteilen ist zu prüfen, ob die DIN 18363 überhaupt zur Anwendung kommt. Für Stahlbauteile und bei Stahlkonstruktionen, die einer statischen Berechnung oder Zulassung bedürfen, gilt die DIN 18364 »Korrosionsschutzarbeiten an Stahlbauten«. Außerdem ist die DIN 18364 anzuwenden, wenn dies in der Leistungsbeschreibung verlangt wird.

Stahlteile sowie Profile und Rohre von *mehr als 90 cm Abwicklung* sollen entsprechend der ATV DIN 18363 nach Flächenmaß gerechnet werden. Profile und Rohre mit kleinerer Abwicklung sind in der Länge zu messen. Sind für die Flächenermittlung Tabellen vorhanden, ist nach diesen abzurechnen. Dies gilt insbesondere für genormte Bauteile. Der Tabellenwert liefert die Anstrichfläche in m^2 je Meter Baulänge oder je Tonne bei allseitiger Beschichtung (vgl. Anhang S. 142 ff.).

Beispiel:
10 m mittelbreiter I-Träger IPE 200, (DIN EN 10034, alte Norm DIN 1025)
5 m mittelbreiter I-Träger IPE 400, (DIN EN 10034, alte Norm DIN 1025)

Pos. Nr.	Bezeichnung	Stück +	Stück −	Abmessungen Länge	Abmessungen Breite	Abmessungen Höhe	Messgehalt	Abzug	reiner Messgehalt
	I-Träger IPE, DIN EN 10034								
	I-Träger IPE 200	1		10,00	0,768		7,68		
	I-Träger IPE 400	1		5,00	1,470		7,35		
							15,03		**15,03**

b) Profilbleche

Zu den Profilblechen zählen insbesondere Wellbleche und Trapezbleche. Sind Tabellen vorhanden, wird nach diesen gerechnet. Soweit Tabellenwerte nicht vorliegen, ist grundsätzlich in der abgewickelten Fläche zu rechnen.
In der DIN 59231 sind die Maße verschiedener Wellbleche und Pfannenbleche enthalten. Die verschiedenen Typen werden mit 4 Zahlen bezeichnet (z. B. 27 × 100 × 0,63 × 2000). Diese Zahlen geben die Wellenhöhe (h), die Wellenbreite (b), die Stärke und die Tafellänge an. Für die Abrechnung sind allein die Wellenhöhe und die Wellenbreite von Bedeutung, weil sie das Profil des Blechs und damit die tatsächliche Beschichtungsfläche bestimmen. Mit Hilfe der Tabelle im Anhang lässt sich diese leicht errechnen.

Beispiel
Wellblech 27 × 100 (eingedeckt); Tafelbreite: 800 mm, Tafellänge: 2000 mm

Pos. Nr.	Bezeichnung	Stück +	Stück −	Abmessungen Länge	Abmessungen Breite	Abmessungen Höhe	Messgehalt	Abzug	reiner Messgehalt
	Wellblech 27 × 100	1		2,00	0,80	1,14	1,82		**1,82**
						↑ Abwicklung je m Baulänge einseitig			

c) Gitter, Roste, Geländer

Gitter, Roste, Geländer, Zäune und Einfriedungen werden in der Regel zwar beidseitig beschichtet, aber nur *einseitig gemessen*. Ist ein Fenstergitter in das Öffnungsmaß eingesetzt, ist dieses anzusetzen; frei endende Gitter sind mit der größten Sichtfläche zu rechnen. Einzelne Gitterstäbe misst man am besten nach Meter.

Geländer und Zäune werden immer von der Unterkante der Stützen bis zur Oberkante des Handlaufs gerechnet. Wird der Handlauf anders behandelt, ist dieser getrennt nach Metern zu messen. *Treppengeländer* werden in Schrägrichtung gemessen. Als Höhe gilt das im rechten Winkel zum Treppenlauf stehende Maß (Abb. 35).

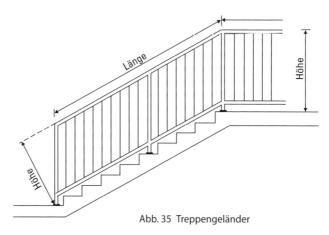

Abb. 35 Treppengeländer

Die Bauart von Gittern, Zäunen und Geländern spielt bei der Flächenermittlung keine Rolle, sondern ist im Preis zu berücksichtigen. Allerdings verlangt die ATV in Abschnitt 5.1.10, dass *Rohrgeländer* nach Länge abzurechnen sind (Abb. 36). Dabei sind die Rohre getrennt nach Rohrdurchmessern und Beschichtungsart zu erfassen. Der äußere Rohrdurchmesser ist jeweils anzugeben.

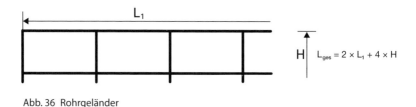

$L_{ges} = 2 \times L_1 + 4 \times H$

Abb. 36 Rohrgeländer

Rollgitter (z. B. Garagentore) sind im Außenbereich nach dem sichtbaren Maß zu rechnen, im Innenbereich nach dem tatsächlichen Maß.

Übungen

(Lösungen im Anhang, S. 118)

Ermitteln Sie die Anstrichflächen für folgende Positionen:

Position 1: verzinktes Wellblech (eingedeckt) einseitig beschichten
1 Dachabdeckung Profil 30 × 135; Breite: 2890 mm, Länge: 5800 mm

Position 2: I-Träger allseitig beschichten
10 m mittelbreiter Träger   IPE 240   (DIN EN 10034)
20 m breite Träger (HE B)   IPB 400   (DIN EN 10034)
5 m breite Träger (HE A)   IPBl 550 (DIN EN 10034)

8. Treppenhäuser

Die Abrechnung von Beschichtungsarbeiten in Treppenhäusern erfolgt grundsätzlich nach den Regeln der DIN 18363. Allerdings sind einige Besonderheiten zu beachten.

Decken und Treppenuntersichten bzw. *Podeste* werden nach Flächenmaß gerechnet. Die Untersichten der Treppenläufe sind in Schrägrichtung zu messen. Bei gewendelten Treppen lässt sich die Untersicht am besten mit der ausgemittelten Breite rechnen.

Treppenwangen können nach Längenmaß oder nach Flächenmaß abgerechnet werden. Erfolgt die Abrechnung nach Flächenmaß – z.B. wenn die Wangen und Untersichten zu einer Position gehören –, sind die Treppenwangen mit dem kleinsten umschriebenen Rechteck zu rechnen (Abb. 37).

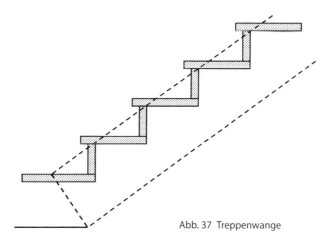

Abb. 37 Treppenwange

Für *Stufen* sieht die ATV keine Abrechnungseinheit vor. Die Abrechnung nach Stück ist jedoch am sinnvollsten. Bei unterschiedlichen Stufengrößen sollte mit einem »mittleren« Preis kalkuliert werden.

Die *Wandflächen im Treppenhaus* können in ihrer gesamten Höhe gemessen werden, wenn dies aufmaßtechnisch möglich ist. An die Wand angrenzende Treppenläufe und Podeste dürfen *bis 30 cm Höhe* übermessen werden, sofern sie die Wandfläche horizontal unterbrechen. Höhere durchgängige Podeste und Treppenläufe müssen von der Wandfläche wieder abgezogen werden. Unberücksichtigt bleiben alle Sockelfliesen bis 10 cm Höhe.

Übung

Leistungsverzeichnis

Auftraggeber: Walter Goldbach
　　　　　　　Landgraben
　　　　　　　60 388 Frankfurt

Baustelle:　　Treppenhaus in einem Sechsfamilienhaus
　　　　　　　Neubau
　　　　　　　Roseggerstraße
　　　　　　　60 320 Frankfurt

Pos. 1　　Decken und Untersichten zweimal mit hell getönter Dispersion streichen

Pos. 2　　Wände inklusive Leibungen Tiefgrund streichen, Untergrund spachteln, Glasgewebe, mittlere Struktur, mit Dispersionskleber tapezieren, scheuerbeständige Dispersion deckend streichen

Pos. 3　　Treppenwangen-Innenseiten (Abrechnung nach Längenmaß) reinigen und zweimal mit getönter Dispersion streichen

Pos. 4　　Treppengeländer mit Handlauf, Grundanstrich mit Kunstharzgrundierung, zweimal mit KH-Lackfarbe streichen

Pos. 5　　Eingangstür und Treppenhausfenster, Isolierverglasung allseitig zweimal mit Holzschutzlasur streichen

Zusätzliche Angaben zur Zeichnung

1. Leibungstiefen innen an Eingangstür und Fenster: 0,26 m. Die Fenster haben eine Fensterbank.
2. Die Höhe des Treppengeländers inklusive Handlauf und Stützen beträgt 0,95 m.

Abb. 38 (rechte Seite) Treppenhaus mit 6 Wohnungen

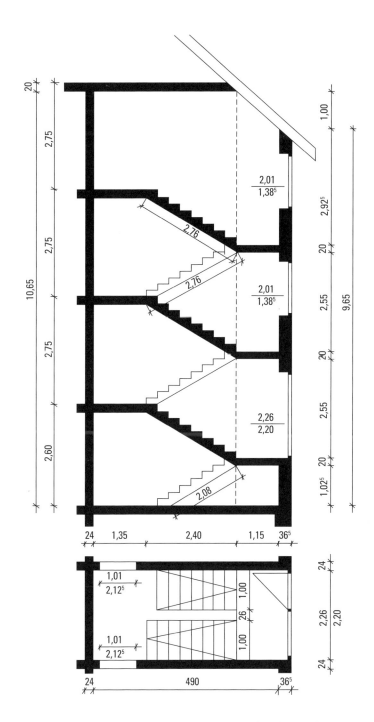

E. ABRECHNUNG VERSCHIEDENER OBJEKTE UND DEREN BESONDERHEITEN

Aufmaß

Firmenstempel

Auftraggeber
Walter Goldbach, Landgraben, 60388 Frankfurt

Objekt/Baustelle
Treppenhaus 6-Familienhaus, Roseggerstraße, 60320 Frankfurt

Art der Arbeit Renovierung **Blatt Nr.** 1/1 **Datum**

Pos. Nr.	Bezeichnung	Stück +	Stück −	Abmessungen Länge	Abmessungen Breite	Abmessungen Höhe	Messgehalt	Abzug	reiner Messgehalt
1	Decken und Untersichten, zweimal hellgetönte Dispersion streichen								
	Decke	1		2,26	3,75	err	8,48		
	Decke	1		2,26	1,52	err	3,44		①
	Untersicht Podeste	3		2,26	1,35		9,15		
		3		2,26	1,15		7,80		
	Unterzüge	5		1,00	2,76		13,80		
		1		1,00	2,08		2,08		
							44,75		**44,75**
2	Wände, Tiefgrund streichen und spachteln, Glasgewebe tapezieren, scheuerbeständige Dispersion deckend streichen								
	Wand hinten	1		2,26	10,65		24,07		
	Wand zum Eingang	1		2,26	9,65		21,81		②
	Wände seitlich	2		3,75	10,65	err	79,88		
		2		1,15	9,65		22,20		
	Dreieck oben	2		1,15	1,00	0,50	1,15		
	Fenster		2	2,01	1,39			5,59	
	Leibungen	4		0,26	1,39		1,45		
		2		0,26	2,01		1,05		
	Eingangstür		1	2,26	2,20			4,97	
	Leibungen	2		0,26	2,20		1,14		
		1		0,26	2,26		0,59		
							153,34	10,56	**142,78**
3	Treppenwangen-Innenseiten, reinigen, zweimal getönte Dispersion streichen								
	Wangen innen	5		2,76			13,80		
		1		2,08			2,08		
	Zwischenräume	6		0,26			1,56		
	oberstes Podest	1		1,00			1,00		
							18,44		**18,44**

54   E. ABRECHNUNG VERSCHIEDENER OBJEKTE UND DEREN BESONDERHEITEN

Art der Arbeit		Renovierung			Blatt Nr.	2/2	Datum	
Pos. Nr.	Bezeichnung	Stück +	Stück -	Abmessungen Länge	Abmessungen Breite	Abmessungen Höhe	Messgehalt	Abzug	reiner Messgehalt

Pos. Nr.	Bezeichnung	Stück +	Stück -	Länge	Breite	Höhe	Messgehalt	Abzug	reiner Messgehalt
4	Treppenhaus inkl. Handlauf, Kunstharzgrundierung und zweimal Kunstharzlack streichen								
	Messgehalt aus Pos. 3	1		18,44	0,95		17,52		**17,52**
5	Eingangstür und Fenster aus Isolierverglasung, allseitig, zweimal Holzlasur streichen								
	Eingangstür	1		2,26	2,20	2	9,94		
	Fenster	2		2,01	1,39	2	11,18		
Aufgestellt		Anerkannt				Summe/ Übertrag	21,12		**21,12**

Erläuterungen

① Die Länge der Dachschräge wurde mit Hilfe des Satzes des Pythagoras ermittelt:

$$c = \sqrt{1{,}15^2 + 1{,}00^2} = 1{,}52$$

② Die an die Wand angrenzenden Treppenwangen und Podeste werden übermessen, da die Unterbrechungen nicht breiter sind als 30 cm.

9. Fassaden

Die VOB DIN 18363 unterscheidet im Abschnitt 5.1.1 nicht mehr zwischen Arbeiten im Innenbereich und Arbeiten an Fassaden. Es gilt grundsätzlich das *Maß der behandelten Fläche*. Fassadenbeschichtungen sind deshalb wie bisher mit dem tatsächlichen Maß des Oberputzes abzurechnen.
Für die Abrechnung von Fassadenarbeiten sind die bekannten Regeln bezüglich der Berücksichtigung von Öffnungen, Unterbrechungen und Leibungen anzuwenden. Entsprechend sind Eckfenster je Wand getrennt zu rechnen. Dies gilt auch, wenn die Außenwände im stumpfen Winkel aneinander stoßen (Abb. 39). Nur wenn ein Fenster in einen Mauerwerks*bogen* eingelassen ist, muss das Fenster als *eine* Öffnung betrachtet werden.

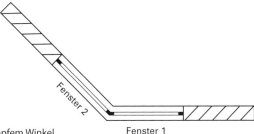

Abb. 39 Eckfenster mit stumpfem Winkel

Fachwerksfassaden sind in der Regel einfacher aufzumessen als dies gemeinhin angenommen wird. Bei der Ermittlung der Gefachfläche werden alle *Unterbrechungen* durch *Fachwerksteile bis 30 cm Einzelbreite übermessen*. *Eckständer* dürfen nicht mehr übermessen werden, da es sich nicht um Unterbrechungen handelt.

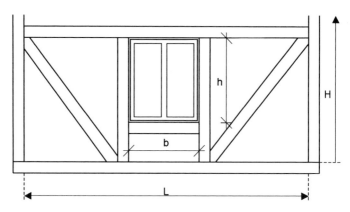

Abb. 40 Fachwerk, Gefachefläche = L × H; Fensteröffnung = b × h

Eine Beschichtung der Fachwerksteile wird nach Längenmaß extra gerechnet, wobei *Überkreuzungen* übermessen werden dürfen.

Gesimse, Lisenen, Eckverbände, Umrahmungen und Faschen werden bei der Ermittlung der Beschichtungsfläche immer übermessen (Abschnitt 5.1.5). Anders als die Fassadenfläche beschichtete Gesimse, Lisenen, Umrahmungen und Faschen werden bis 1 m Breite je Ansichtsfläche *nach Längenmaß zusätzlich* gerechnet, ansonsten nach Flächenmaß.

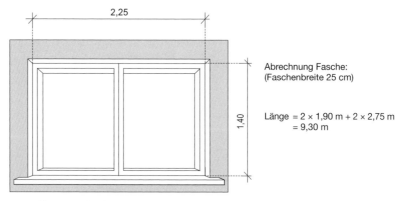

Abb. 41 Fasche, farblich abgesetzt

Fenster- und Türeinfassungen aus Naturstein, Betonwerkstein oder ähnlichem sind Umrahmungen, die beim Ermitteln der Fläche übermessen werden. Ein Abzug ist daher nur dann vorzunehmen, wenn die Fläche der Fensteröffnung (a × b) mehr als 2,5 m² beträgt (Abb. 42).

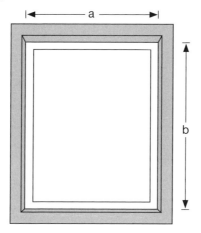

Abb. 42 Fenster mit Umrahmung aus Sandstein

Bei der Behandlung von *Eckverbänden* ist mit dem kleinsten umschriebenen Rechteck je Verband abzurechnen (Abb. 43). Ein nicht beschichteter Eckverband selbst wird bei der Beschichtung der Putzfassade übermessen (Abschnitt 5.1.5).

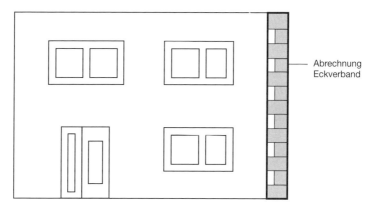

Abb. 43 Fassade mit Eckverband (z. B. aus Sandstein)

Gesimse und Gurte, die eine Fassadenseite durchgängig unterteilen, gelten als Unterbrechung und dürfen nur bis zu einer Höhe *von 30 cm* übermessen werden.

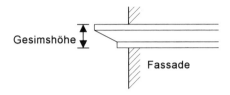

Abb. 44 Gesimse an einer Hausfassade

Dachuntersichten von *Dachüberständen* bis 1 m Breite je Ansichtsfläche werden nach Längenmaß, breitere in der Abwicklung gerechnet. Bei der Abrechnung nach Flächenmaß sind zur »ebenen« Untersicht zusätzlich die Seitenflächen und die Stirnflächen (Köpfe) der Sparren hinzuzurechnen.

Da die Fläche von *Ortgangverkleidungen* nur unter unverhältnismäßig hohem Aufwand exakt festzustellen ist, kann diese vereinfachend als Rechteck abgerechnet werden. Als »Länge« darf ein Mittelwert zwischen Dachuntersicht und Oberkante zum Ansatz kommen.

Als *Besondere Leistungen* bei Fassadenbeschichtungen gelten nun ausdrücklich das Füllen von Ankerlöchern und das Angleichen an die Oberflächenbeschichtung sowie der Schutz der Oberfläche gegen Algen-, Pilz- und Insektenbefall.

Übung

Leistungsverzeichnis

Auftraggeber: Ewald Binder
Baustelle: Uhlandstraße 14
71111 Waldenbuch

Pos. 1	Fassadenfläche, Straßenseite Untergrund reinigen und Tiefgrund streichen, zweimal hell getönte Siliconharzfarbe streichen
Pos. 2	Fensterleibungen aus Pos. 1 wie dort behandeln
Pos. 3	Faschen an den Fenstern farblich absetzen nach Angaben des Auftraggebers
Pos. 4	Fenster außen reinigen und mit Holzschutzlasur streichen
Pos. 5	Rollladenführungsschienen reinigen und schleifen zweimal mit Kunstharzlackfarbe streichen

Angaben zur Skizze

1. Leibungstiefen Fenster 0,10 m
2. Faschenbreite 0,15 m
3. Rollladenführungsschienen an allen Fenstern im EG und im 1. OG.
4. Alle Maße sind Fertigmaße

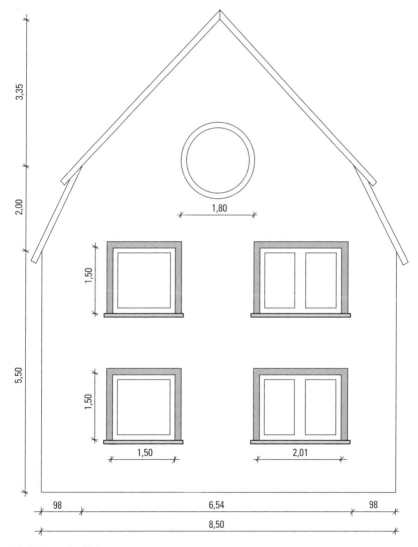

Abb. 45 Fassadenfläche

Aufmaß

	Firmenstempel

Auftraggeber
Ewald Binder
Objekt/Baustelle
Fassade, Uhlandstraße 14, 71111 Waldenbuch

Art der Arbeit Fassadenarbeiten **Blatt Nr.** 1/1 **Datum**

Pos. Nr.	Bezeichnung	Stück +	Stück −	Abmessungen Länge	Abmessungen Breite	Abmessungen Höhe	Messgehalt	Abzug	reiner Messgehalt
1	Fassadenfläche Tiefgrund und zweimal Siliconharzfarbe streichen								
	Giebeldreieck	1		6,54	3,35	0,50	10,95		①
	Trapez	1		8,50	+ 6,54	2,00	15,04		
					2				
	Rechteck	1		8,50	5,50		46,75		
	Fenster		2	2,01	1,50			6,03	
	Rundfenster		1	0,90	0,90	3,14		2,54	②
							72,74	8,57	**64,17**
2	Leibungen aus Pos. 1								
	Rundfenster	1		1,80	3,14		5,65		
	Fenster seitlich	8		1,50			12,00		
	oben	2		1,50			3,00		
		2		2,01			4,02		
							24,67		**24,67**
3	Faschen farblich absetzen								
		8		1,65			13,20		③
		2		1,80			3,60		
		2		2,31			4,62		
							21,42		**21,42**
4	Fenster, außen, Holzschutzlasur streichen								
		2		1,50	1,50		4,50		
		2		2,01	1,50		6,03		
	Rundfenster	1		0,90	0,90	3,14	2,54		
							13,07		**13,07**
5	Rolladenführungsschienen, zweimal Kunstharzlackfarbe streichen								
		8		1,50			12,00		**12,00**
Aufgestellt		Anerkannt			Summe/ Übertrag				

Erläuterungen

① Die Berechnung 6,54 × 3,35 × 0,5 entspricht der Dreiecksformel
$$\frac{6,54 \times 3,35}{2}$$
② Die Berechnung 0,90 × 0,90 × 3,14 entspricht der Kreisformel $r^2 \times \pi$
③ Im Maß 1,65 ist einmal zusätzlich zur Fensterhöhe die Faschenbreite enthalten. In den Horizontalmaßen 1,80 bzw. 2,31 ist jeweils zweimal die Faschenbreite berücksichtigt.

10. Übung zur Abrechnung verschiedener Objekte

Die Abrechnung erfolgt auf der Basis der nachfolgenden Angaben und der Bauzeichnung

Leistungsverzeichnis (Kurzform)

Auftraggeber:	Albrecht Zimmer Wehrdeich 21035 Hamburg
Baustelle:	Doppelhaushälfte EG – Renovierung Wehrdeich 21035 Hamburg
Pos. 1	Deckenflächen in Kind, Schlafen, Diele und Vorraum Raufasertapete hell getönte Dispersionsfarbe deckend streichen
Pos. 2	Wandflächen in Kind und Schlafen Acryltapete tapezieren
Pos. 3	Fensterleibungen in Kind und Schlafen wie Pos. 2 behandeln
Pos. 4	Deckenfläche in Kochen/Essen/Wohnen Raufasertapete mit scheuerbeständiger Dispersion streichen
Pos. 5	Wandflächen in Kochen/Essen/Wohnen Untergrund spachteln und schleifen Glasgewebe kleben und mit hell getönter Latexfarbe streichen
Pos. 6	Fenster- und Türleibungen in Kochen/Essen/Wohnen wie Pos. 5 behandeln
Pos. 7	Decken- und Wandflächen im Bad/DU/WC und Wandflächen in Diele und Vorraum Putzfläche mit weißer Dispersionsfarbe deckend streichen

Pos. 8   Sockelleiste in der Diele und Vorraum mit Kunstharzlack beschichten

Pos. 9   Isolierglasfenster und Terrassentür allseitig mit Holzschutzlasur streichen

Pos.10   Stahlröhrenradiatoren mit hell getönter Heizkörperlackfarbe beschichten

Heizkörperangaben:

Kind und Eltern
2 HK: 20 Glieder   Bauhöhe 600 mm   Bautiefe 100 mm

Bad/DU/WC
1 HK: 15 Glieder   Bauhöhe 1000 mm   Bautiefe 140 mm

Kochen/Essen
3 HK: 10 Glieder   Bauhöhe 600 mm   Bautiefe 65 mm

Wohnen
1 HK: 15 Glieder   Bauhöhe 1500 mm   Bautiefe 100 mm

Angaben zur Bauzeichnung

1. Raumhöhe Fertigmaß 2,44 m
   Bei den Öffnungsmaßen der Zimmertüren ist die Estrichhöhe von 12,5 cm zu berücksichtigen.
   Die Öffnungsmaße der Fenster gelten als Fertigmaße.
2. Bad/DU/WC: Fliesen rundum 2,04 m gerechnet ab FFB
3. Kochen
   Fliesenspiegel an allen 3 Wänden 0,80 m über FFB, Fliesenhöhe: 0,70 m.
4. Die Fensterleibungen werden wie die Wände behandelt.
5. Diele und Vorraum: Sockelleiste aus Holz, Höhe: 0,10 m.
   Der Rundbogen zwischen Diele und Vorraum wird wie die Wände behandelt.
   Der Ansatz des Bogens beginnt in einer Höhe von 2,00 m, gerechnet ab FFB. Die Bogenlänge beträgt 1,25 m.
6. Alle Türen haben Futter und Bekleidung; Abwicklung: 0,36 m.
7. Straßenseite = Haustürseite

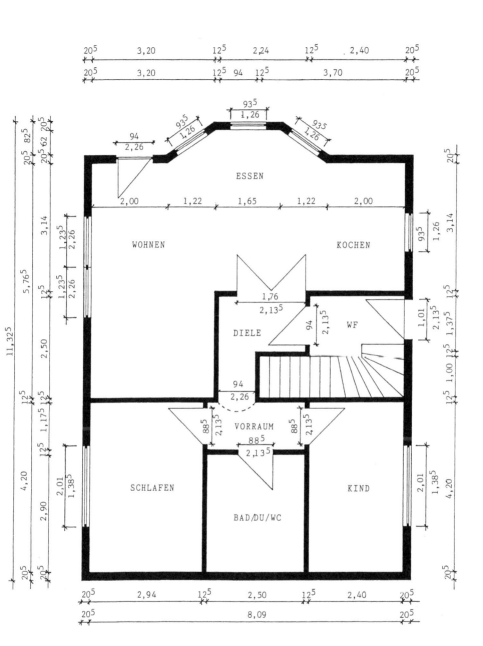

Aufmaß

Auftraggeber
Albrecht Zimmer, Wehrdeich, 21035 Hamburg
Objekt/Baustelle
Doppelhaushälfte EG, Wehrdeich, 21035 Hamburg

Firmenstempel

Art der Arbeit   Renovierung   **Blatt Nr.** 1/3   **Datum**

Pos. Nr.	Bezeichnung	Stück +	–	Länge	Breite	Höhe	Messgehalt	Abzug	reiner Messgehalt
1	Deckenflächen gem. LV Pos. 1 behandelt								
	Kind	1		4,20	2,40		10,08		
	Schlafen	1		4,20	2,94		12,35		
	Diele	1		1,38	2,24		3,09		
		1		<u>1,13</u>	0,94	err	1,06		
	Vorraum	1		1,18	2,50		2,95		
							29,53		**29,53**
2	Wandflächen in Kind und Schlafen gem. LV Pos. 2 behandelt								
	Kind Wände	2		4,20	2,44		20,50		
		2		2,40	2,44		11,71		
	Fenster		1	2,01	1,39			2,79	
	Schlafen Wände	2		4,20	2,44		20,50		
		2		2,94	2,44		14,35		
	Fenster		1	2,01	1,39			2,79	
							67,06	5,58	**61,48**
3	Fensterleibungen in Kind und Schlafen gem. LV Pos. 2 behandelt								
	Lbg seitlich	4		1,39			5,56		
	Lbg oben	2		2,01			4,02		
							9,58		**9,58**
4	Deckenflächen in Kochen/Essen/Wohnen gem. LV Pos. 4 behandelt								
	Decken Wohnen	1		<u>2,63</u>	3,20	err	8,42		
		1		3,14	8,09		25,40		
	Erker (Trapez)	1		<u>2,87</u>	0,83	err	2,38	$2,87 = \frac{1,65+4,09}{2}$	
							36,20		**36,20**

Art der Arbeit		Renovierung			Blatt Nr.	2/3	Datum	

Pos. Nr.	Bezeichnung	Stück +	Stück −	Abmessungen Länge	Abmessungen Breite	Abmessungen Höhe	Messgehalt	Abzug	reiner Messgehalt
5	Wandflächen in Kochen/Essen/Wohnen gem. LV Pos. 5 behandelt								
	Wände	2		5,77	2,44		28,16	Fliesen in Kochen übermessen, da jeweils < 2,5 m²	
		1		8,09	2,44		19,74		
		2		2,00	2,44		9,76	$1,47 = \sqrt{1,22^2 + 0,825^2}$	
	Erkerwände seitlich	2		1,47	2,44	err	7,17		
		1		1,65	2,44		4,03		
	Fenster		2	1,24	2,26			5,60	
	Eingangstür		1	1,76	2,01	err		3,54	
							68,86	9,14	**59,72**
	Türhöhe 2,01 = 2,135 − 0,125 (Estrichhöhe)								
6	Fensterleibungen in Kochen/Essen/Wohnen gem. LV Pos. 5 behandelt								
	Fenster 1	2		2,26			4,52		
		2		1,24			2,48		
	Terrassentür	2		2,26			4,52		
		1		0,94			0,94		
	Erkerfenster/Kochen	8		1,26			10,08		
		4		0,94			3,76		
							26,30		**26,30**
7	Decken und Wände in Bad/DU/WC und Wände in Diele und Vorraum gem. LV Pos. 7 behandelt								
	Bad/WC/DU Decke	1		2,90	2,50		7,25		
	Wände	2		2,90	0,40	err	2,32	0,40 m Aufmaßhöhe = Raumhöhe − 2,04 m	
		2		2,50	0,40	err	2,00		
	Diele Wände	2		2,50	2,44		12,20	Durchgang Diele/ Vorraum übermessen, da < 2,5 m²	
		2		2,24	2,44		10,93		
	Leibungen Durchgang	2		0,13	2,00		0,52		
		1		0,13	1,25		0,16		
	Türen		1	1,76	2,01	err		3,54	
	Vorraum Wände	2		1,18	2,44		5,76		
		2		2,50	2,44		12,20		
							53,34	3,54	**49,80**

E. ABRECHNUNG VERSCHIEDENER OBJEKTE UND DEREN BESONDERHEITEN

Art der Arbeit		Renovierung			Blatt Nr.	3/3	Datum		
Pos. Nr.	Bezeichnung		Stück +	Stück −	Abmessungen Länge	Abmessungen Breite	Abmessungen Höhe	Messgehalt	Abzug	reiner Messgehalt
8	Sockelleiste in Diele und Vorraum gem. LV Pos. 8 behandelt									
	Diele		2		2,63		err	5,26		Alle Unterbrechungen (Türen und Durchgang) < 1 m werden übermessen
			2		2,24			4,48		
				1	1,76				1,76	
	Vorraum		2		1,18			2,36		
			2		2,50			5,00		
								17,10	1,76	**15,34**
9	Isolierglasfenster/Terrassentür gem. LV Pos. 9 behandelt									
	Kind		1		2,01	1,39	2	5,59		
	Schlafen		1		2,01	1,39	2	5,59		
	Wohnen		2		1,24	2,26	2	11,21		
			1		0,94	2,26	2	4,25		
	Essen-Erker		3		0,94	1,26	2	7,11		
	Kochen		1		0,94	1,26	2	2,37		
								36,12		**36,12**
10	Stahlröhrenradiatoren gem. LV Pos. 10 behandelt									
	Kind		20		600	100	0,140	2,80		
	Eltern		20		600	100	0,140	2,80		
	Bad		15		1000	140	0,320	4,80		
	Kochen/Essen		10		600	65	0,100	1,00		
			10		600	65	0,100	1,00		
			10		600	65	0,100	1,00		
	Wohnen		15		1500	100	0,350	5,25		
Aufgestellt		Anerkannt					Summe/ Übertrag	18,65		**18,65**

ABRECHNUNG VERWANDTER GEWERKE

F. Abrechnung von Trockenbauarbeiten (DIN 18340)

Die ATV DIN 18340 »Trockenbauarbeiten« gilt für raumbildende Bauteile des Ausbaus, die in trockener Bauweise hergestellt werden. Dazu zählen insbesondere das Herstellen von Deckenbekleidungen und Unterdecken, Wandbekleidungen, Trockenputz und Vorsatzschalen, von Trenn-, Montage- und Systemwänden, von Brandschutzbekleidungen, Fertigteilestrichen, Trockenunterböden und Systemböden sowie die Montage von Zargen, Türen und anderen Einbauteilen in vorgenannte Konstruktionen. Die DIN 18350 »Putz- und Stuckarbeiten« gilt nur noch für Putz, Stuck und Wärmedämmputz.

1. Grundlegende Vorschriften

Bei der Abrechnung von Trockenbauarbeiten nach DIN 18340 wird nicht zwischen der Leistungsermittlung nach *Zeichnung* und der Leistungsermittlung nach *Aufmaß* unterschieden. Es gelten grundsätzlich die *Maße der Bekleidung*, wobei immer raumweise aufzumessen ist (Abb. 46 und 47).

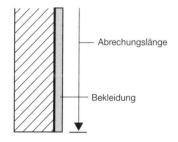

Abb. 46 Bekleidung einer Wandscheibe (Grundriss)

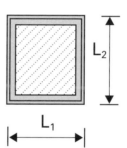

Abb. 47 Bekleidung eines Beton-Pfeilers mit den Kanten $L_1 = 0{,}35$ m und $L_2 = 0{,}40$ m
$L_{ges} = 2 \times L_1 + 2 \times L_2 = 1{,}50$ m; $A = L_{ges} \times$ Höhe
(gilt auch für die Haftbrücke, selbst wenn dafür eine eigene Position ausgeschrieben ist.)

Verkofferungen und Bekleidungen für Pfeiler, Stützen, Träger, Unterzüge sowie für Rohre und Leitungen werden bis zu einer Abwicklung von 1 m nach Längenmaß gerechnet. Bei einer Abwicklung von mehr als 1 m ist gemäß Abschnitt 0.5.1 das Flächenmaß vorgesehen.
Auf Flächen *mit* begrenzenden Bauteilen gelten die Maße der zu behandelnden Flächen bis zu den sie begrenzenden, ungeputzten, ungedämmten bzw. unbekleideten Bauteilen (Abb. 48).

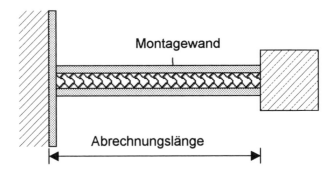

Abb. 48 Anschluss einer Trennwand an bekleidete Wand und unbekleidete Stütze (Grundriss)

Als begrenzende Bauteile gelten alle raumabschließenden Konstruktionen des Rohbaus wie Decken, Wände und Böden. Die DIN 18340 erweitert für ihren Geltungsbereich diese Definition und zählt Systemböden, Trockenunterböden, Estriche, leichte Trennwände sowie Unterdecken und abgehängte Decken ebenfalls zu den begrenzenden Bauteilen, sofern ihre Oberflächen nicht durchdrungen werden (Abschnitt 5.1.2).

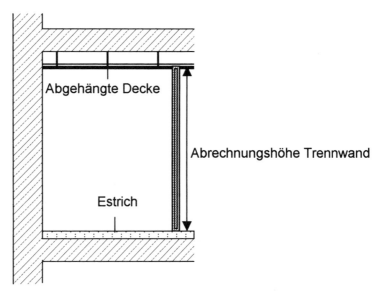

Abb. 49 Gipskartontrennwand bei abgehängter Decke (Schnitt)

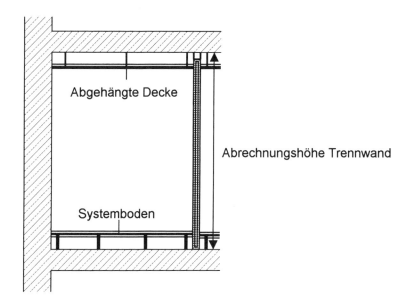

Abb. 50 Gipskartontrennwand, die Systemboden und abgehängte Decke durchdringt (Schnitt)

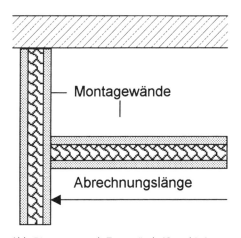

Abb. 51 angrenzende Trennwände (Grundriss)

F. ABRECHNUNG VON TROCKENBAUARBEITEN (DIN 18340)

Bei der Ermittlung der Maße wird das jeweils größte Maß, gegebenenfalls das abgewickelte Bauteilmaß zugrunde gelegt (Abb. 52).

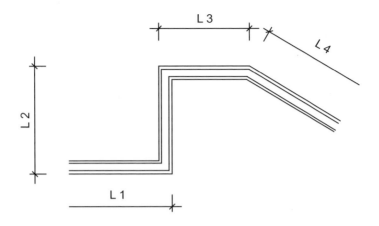

Abb. 52 Montagewand mit stumpfwinkeligem Stoß (Grundriss)
$L_{ges} = L_1 + L_2 + L_3 + L_4$

Einseitige Beplankungen an freistehenden Stützen werden durchgemessen (Abb. 53). Die einseitige, vertikale Beplankung von Unterzügen, die an der Rohdecke anschließen, ebenfalls.

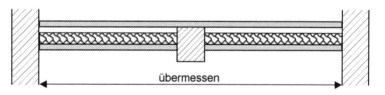

Abb. 53 Montagewand einseitig beplankt (Grundriss)

Das Herstellen bzw. Anpassen der Aussparung für die einbindende Stütze ist immer gesondert zu berechnen (Ziffer 4.2.14), am besten nach Längenmaß (Ziffer 0.5.2).

Bei der Abrechnung von Einzelflächen (über 5 m²) wird das kleinste umschriebene Rechteck zugrunde gelegt. Diese Regelung dient der Vereinfachung des Flächenaufmaßes (Abb. 54a). Nicht gemeint sind Flächen, die durch einfache Zerlegung als Rechtecke, Dreiecke oder Trapeze berechnet werden können (Abb. 54b).

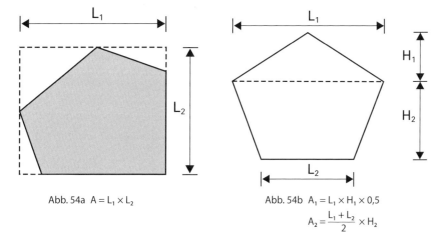

Abb. 54a $A = L_1 \times L_2$

Abb. 54b $A_1 = L_1 \times H_1 \times 0{,}5$
$A_2 = \dfrac{L_1 + L_2}{2} \times H_2$

Nach Abschnitt 5.1.11 dürfen Flächen bis 5 m² getrennt abgerechnet werden, weil für das Herstellen dieser »Kleinflächen« ein unverhältnismäßig hoher Aufwand entsteht. Abschnitt 0.5.3 sieht dafür die Abrechnung nach Anzahl (Stück) vor, getrennt nach Bauart und Größe. Diese Flächen können ohne Verbindung zu gleich gearteten Flächen sein (z. B. als einzelne Trennwand) oder auch als zusammenhängende Einzelflächen innerhalb eines kleineren Raumes vorkommen.

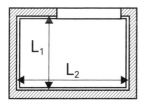

Abb. 55 Grundriss WC ($L_1 = 1{,}20$ m, $L_2 = 2{,}00$ m, Höhe 2,40 m)
Alle Wandflächen sind < 5 m²
→ Abrechnung jeder einzelnen bekleideten Wand nach Stück

Werden diese Kleinflächen nicht nach Anzahl (Stück) ausgeschrieben, besteht ein Anspruch auf eine zusätzliche Abrechnung und Vergütung z. B. als Zulage zur Hauptposition. Dies ist jedoch dem Auftraggeber vor der Ausführung dieser Leistung anzukündigen.

2. Aussparungen, Leibungen und Unterbrechungen

Aussparungen, wie Öffnungen und Nischen, werden wie in der DIN 18363 bis 2,5 m² Einzelgröße übermessen, größere entsprechend abgezogen. Als Öffnungen gelten ausdrücklich auch raumhohe Durchgänge. Bei der Abrechnung nach Längenmaß werden Unterbrechungen bis 1 m übermessen.

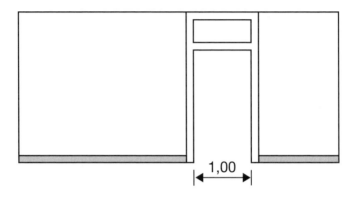

Abb. 56 Raumhoher Durchgang mit Zarge und Sockelleiste

Für die Ermittlung der Abzugsmaße sind die kleinsten Maße der Aussparung zugrunde zu legen. Für Abb. 56 bedeutet dies, dass für die Montagewand die Öffnung nach dem Einbau der Zarge, also das lichte Maß, entscheidend ist, wenn der Einbau der Zarge zum Leistungsumfang des Trockenbauers gehört. Sonst gilt das lichte Maß vor dem Einbau der Zarge.
Unmittelbar zusammenhängende, unterschiedliche Aussparungen, z. B. Fensteröffnung mit angrenzender Nische, werden nach Abschnitt 5.1.4 getrennt gerechnet. Dies gilt ebenso für gleichartige Aussparungen (z. B. Öffnungen für Fenster), die durch konstruktive Elemente wie z. B. Pfeiler, Stahlträger oder Ständerprofile getrennt sind. In *Böden* dürfen Aussparungen nur bis 0,5 m² Einzelgröße übermessen werden.

Rückflächen von bekleideten Nischen sowie ganz oder teilweise bekleidete freie Wandenden (Abb. 57) oder Wandoberseiten werden gesondert gerechnet. Wird im Rahmen der Erstellung von Trenn- bzw. Montagewänden die Rückfläche der Nische erst hergestellt, ist diese zusätzlich nach Anzahl abzurechnen (4.2.14 und 0.5.3).

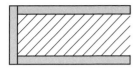

Abb. 57 Die Stirnseite eines bekleideten Wandendes wird zusätzlich nach Längenmaß gerechnet (z. B. als Zulageposition zur Hauptposition).

Der notwendige Einbau der *Kantenschutzprofile* ist nach Ziffer 4.2.30 immer eine Besondere Leistung, die zusätzlich nach Längenmaß abgerechnet wird[1].

Nach Abschnitt 5.1.7 werden auch *Leibungen* unabhängig von ihrer Einzelgröße gesondert gerechnet. Leibungsbekleidungen von Öffnungen und Nischen bis zu einer Tiefe von 1 m sind nach Längenmaß abzurechen, tiefere nach Flächenmaß (m^2).

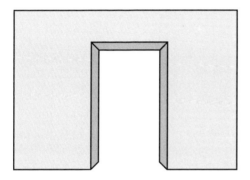

Abb.58 Durchgang in einer Montagewand $\leq 2,5$ m^2
Leibungsbekleidung zusätzlich nach Längenmaß abrechnen

Das Herstellen, Anarbeiten bzw. Anpassen und Schließen von *Aussparungen* (z. B. für Türen, Fenster, Oberlichter und Nischen) stellt nach Abschnitt 4.2.14 eine Besondere Leistung dar und ist stets extra zu vergüten. Sind allerdings im Leistungsverzeichnis keine entsprechenden Positionen vorgesehen, so hat der Auftragnehmer seinen Vergütungsanspruch nach § 2 Abs. 6 VOB/B beim Auftraggeber vor der Ausführung dieser Leistung anzukündigen.

In diesem Zusammenhang gilt es nun zu beachten, dass die DIN 18340 im Abschnitt 0.5 zwei Abrechnungseinheiten für das Herstellen bzw. Schließen von *Aussparungen* vorsieht:

---

[1] Enthält die Vorbemerkung zum Leistungsverzeichnis die Formulierung »alle erforderlichen Eck-, Kantenschutzschienen und Profile sind mit den Einheitspreisen abgegolten«, handelt es sich m. E. um eine unkalkulierbare und unwirksame Vertragsklausel, so dass weiterhin ein Vergütungsanspruch besteht.

- Aussparungen mit einem Seitenverhältnis *größer als 4 zu 1 und* einer größten Länge über 2 m (z. B. Öffnungen für Lichtbänder, Lüftungsauslässe, Kabelkanäle und Führungsschienen) sollen nach Längenmaß gerechnet werden.

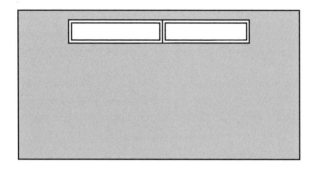

Abb. 59 Lichtband $\leq 2,5$ m^2, Länge $> 2,00$ m
Übermessen bei der Wandfläche (5.2.1), Herstellen der Öffnung nach Längenmaß rechnen (4.2.14 und 0.5.2), evtl. notwendige Leibungsbekleidung zusätzlich nach Längenmaß abrechnen (5.1.7 und 0.5.2). Evtl. notwendige Verstärkungen der Öffnung zusätzlich nach Längenmaß abrechnen (4.2.23 und 0.5.2).

- Aussparungen mit einem Seitenverhältnis *bis zu 4 zu 1 oder* einer größten Länge unter 2 m (z. B. für Türen, Fenster, Nischen, Stützen, Pfeilervorlagen, Rohre, Einzelleuchten, Lichtkuppeln, Lüftungsauslässe, Schalter, Steckdosen Kabel und Einbauteile) sollen nach Stück gerechnet werden.

Anschlüsse, Friese, Randfriese, offene Fugen, Vertiefungen, Verkofferungen und dergleichen werden *bis 30 cm Breite* übermessen (vgl. Abb. 61) und deren Herstellung mit den größten Maßen gesondert gerechnet. Weil Richtungswechsel immer einen erheblichen Mehraufwand verursachen, sind diese zusätzlich abzurechnen (Abschnitt 5.1.9 in Verbindung mit 4.2.28 und 0.5.3).

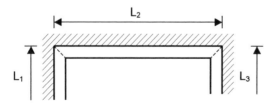

Abb. 60 Gipskartonfries
$L_{ges} = L_1 + L_2 + L_3$; zusätzlich 2 Richtungswechsel

Unterbrechungen entstehen grundsätzlich durch andere Bauteile, die die eigentliche Leistung durchgängig, entweder horizontal oder vertikal, durchschneiden. Als Unterbrechungen gelten nach DIN 18340 insbesondere Fachwerkteile, Stützen, Unterzüge und Vorlagen. Unabhängig von ihrem Flächenmaß werden Unterbrechungen *bis 30 cm* Einzelbreite immer übermessen (vgl. Abb. 61).

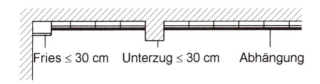

Abb. 61 Abgehängte Decke mit Fries und Unterzug
Fries und Unterzug dürfen übermessen werden

Schließlich ist noch auf die Ordnungsziffer 4.1.4 hinzuweisen. Danach gilt als Nebenleistung das Erstellen von Trenn- und Montagewänden sowie Vorsatzschalen in *zwei* Arbeitsgängen zur Ermöglichung der Montage von Installationen durch andere Unternehmer, soweit die Leistungen im Zuge gleichartiger Trockenbauarbeiten kontinuierlich erbracht werden können. Sind diese Voraussetzungen nicht gegeben, handelt es sich um eine Besondere Leistung nach Abschnitt 4.2.17. Dies ist nicht nur dann der Fall, wenn durch Verzögerungen anderer Gewerke die Baustelle oder das Gebäudeteil verlassen wird und die einseitig beplankten Wände erst zu einem späteren Zeitpunkt geschlossen werden können. Die kontinuierliche Arbeit gleichartiger Leistungen ist schon dann unterbrochen, wenn statt Montagewänden abgehängte Decken, Dachschrägen oder Unterkonstruktionen hergestellt werden. Jedenfalls entstehen Mehrkosten u.a. für das Umrüsten und Einarbeiten.

G. Abrechnung von Wärmedämm-Verbundsystemen (DIN 18345)

1. Grundlegende Vorschriften

Die neue ATV DIN 18345 »Wärmedämm-Verbundsysteme« gilt für die Ausführung von außenseitigen Wärmedämm-Verbundsystemen einschließlich der zugelassenen Oberflächen.

Basis der Leistungsermittlung ist immer das Maß der *fertigen Oberfläche*, also das nach Aufbringen des Oberputzes oder anderer Beläge entstandene sichtbare Außenmaß.

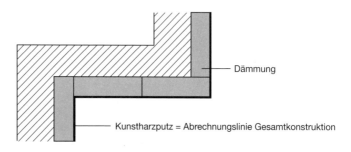

Abb. 62 Wärmedämmverbundsystem (Grundriss)

Die Abrechnung mit dem Maß der fertigen Oberfläche gilt auch für alle mit einem Wärmedämm-Verbundsystem zusammenhängenden Leistungen wie z. B. Hochdruckreinigungen, Haftbrücken, Grundierungen. Das heißt, selbst wenn die Gesamtleistung in mehrere Einzelpositionen aufgegliedert ist, ist mit dem Maß der fertigen Gesamtkonstruktion abzurechnen (Abb. 62).

Die Übermessungsgröße für Aussparungen wie Öffnungen und Nischen beträgt jeweils *2,5 m²*; größere sind abzuziehen. Abrechnungsrelevant ist allein das Maß der fertigen Öffnung. Das kann im Einzelfall dazu führen, dass eine vor der Dämmung abzuziehende Öffnung nach Anbringen der Dämmung (auf der Leibung) übermessen werden darf. Über Eck reichende Öffnungen für Fenster sind je Wandfläche getrennt zu rechnen, wobei als Öffnungsmaß die Außenlinie der Dämmung gilt (Abb. 63).

Bezüglich der Abrechnung von Nischen gelten die gleichen Regelungen wie in der DIN 18363. Als Nische zählt hier auch ausdrücklich eine Vertiefung in der Wand, die bei ebener Wandfläche erst durch eine geringere Dämmstoffstärke entstanden ist.

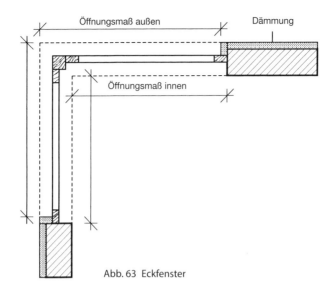

Abb. 63 Eckfenster

Unmittelbar zusammenhängende verschiedenartige Aussparungen wie z. B. Fenster, Sichtmauerwerk und Rollladenkästen werden getrennt gerechnet (Abb. 64).

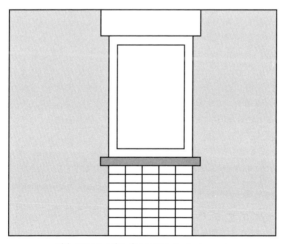

Abb. 64 Verschiedenartige Aussparungen

Das Herstellen von Wandanschlüssen, Faschen, umlaufenden Friesen, das An- und Einarbeiten von vorhandenen Bauteilen, Einbauteilen und dergleichen wird nach

Längenmaß abgerechnet. Es gilt das größte, gegebenenfalls abgewickelte Bauteilmaß (Abb. 65). Die gesonderte Vergütung ergibt sich aus Abschnitt 4.2.20 und 4.2.23.

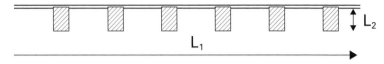

Abb. 65 Herstellen eines Anschlusses an ein Dachgesims. $L_{ges} = L_1 + (12 \times L_2)$

2. Besondere Vorschriften

Die Abrechnung nach Flächenmaß ist vorgesehen für Flächen über 2,5 m². Einzelflächen bis zu einer Größe von 2,5 m² können getrennt nach Bauart und Größe nach Anzahl (Stück) abgerechnet werden. Dies ist dann sinnvoll, wenn für diese Kleinflächen ein erheblicher Mehraufwand besteht, z. B. bei Sanierungsmaßnahmen oder dem nachträglichen Schließen von Aussparungen und bei Auffütterungen.

Dämmungen an Pfeilern, Lisenen, Stützen, Unterzügen, Abtreppungen und dergleichen werden bis zu einer Breite von 1 m nach Längenmaß abgerechnet. Für *Perimeterdämmungen* gilt dies bis zu einer Höhe von 1 m. Breitere bzw. höhere Dämmungen sind wie bisher nach Flächenmaß (m²) zu rechnen.

Unterbrechungen des Wärmedämm-Verbundsystems durch Fachwerkteile aus Holz, Metall oder Beton (z. B. Betonskelettbauweise), sowie durch Vorlagen, Stützen, Friese, Gesimse und Podeste sind *bis 30 cm Einzelbreite* zu übermessen. Die Beschichtung dieser Bauteile ist nach DIN 18363 getrennt nach Längenmaß aufzumessen, und zwar mit ihren längsten Maßen. Das Herstellen von Anschlüssen an das unterbrechende Bauteil stellt gemäß Abschnitt 4.2.20 eine *Besondere Leistung* dar.

Auffütterungen und Ausgleichsputze sind vergütungspflichtige *Besondere Leistungen*, wenn diese zum Ausgleich von Unebenheiten, die außerhalb der Maßtoleranzen nach DIN 18202 liegen, notwendig werden (Abschnitt 4.2.15). Werden an die Ebenheit erhöhte Anforderungen gemäß DIN 18202, Tabelle 3, Zeile 7 gestellt, so sind die zu treffenden Maßnahmen gemäß Abschnitt 4.2.16 Besondere Leistungen. Für die Abrechnung gilt: Auffütterungen von Flächen bis 2,5 m² sind nach Anzahl (Stück) abzurechnen, größere nach Flächenmaß (m²). Andere Maßnahmen zum Ausgleich von Unebenheiten, wie z. B. Spachtelarbeiten, sollen gemäß Abschnitt 0.5.1 nach Flächenmaß gerechnet werden.

Leibungen dürfen unabhängig von der Größe der Öffnung oder Nische stets gesondert nach Längenmaß gerechnet werden.

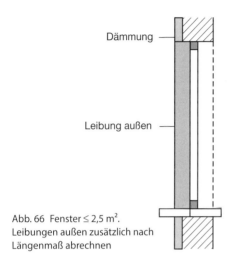

Abb. 66 Fenster ≤ 2,5 m². Leibungen außen zusätzlich nach Längenmaß abrechnen

Entstehen Leibungen bei bündig versetzten Fenstern und Türen erst durch die Dämmung, dann darf die Leibung ebenfalls gesondert gerechnet werden. Sieht das Leistungsverzeichnis keine gesonderte Position für Leibungen von Öffnungen und Nischen ≤ 2,5 m² vor, hat der Auftragnehmer seinen Vergütungsanspruch nach § 2 Abs. 6 VOB/B beim Auftraggeber vor der Ausführung dieser Leistung anzukündigen.

Als *Besondere Leistung* galt bisher das Herstellen und/oder Anpassen von Aussparungen, soweit sie nicht im Zuge der übrigen Arbeiten ausgeführt werden können. Diese Einschränkung ist nun im neuen Abschnitt 4.2.21 der DIN 18345 entfallen, sodass das Herstellen von Aussparungen für Einzelleuchten, Stützen, Pfeilervorlagen Schalterdosen, Rohrdurchführungen, Kabel und dergleichen grundsätzlich gesondert nach Anzahl (vgl. Abschnitt 0.5.3) abgerechnet werden kann. Sind im Leistungsverzeichnis keine entsprechenden Positionen vorhanden, ist der Vergütungsanspruch dem Auftraggeber vor der Leistungsausführung anzukündigen.

H. Abrechnung von Betonerhaltungsarbeiten (DIN 18349)

1. Grundlegende Vorschriften

Die DIN 18349 gilt für Arbeiten zur Erhaltung und Instandsetzung von Bauwerken und Bauteilen aus bewehrtem oder unbewehrtem Beton und für das Aufbringen *zugehöriger* Oberflächenschutzsysteme. Für die Abrechnung von (reinen) Oberflächenbehandlungen bei Bauten und Bauteilen ist jedoch die ATV DIN 18363 maßgebend.

Als Abrechnungseinheiten sind im Leistungsverzeichnis vorzusehen:
- Flächenmaß (m²): z. B. für Ausbrüche über 1 m² Einzelgröße;
- Längenmaß (m): z. B. für Ausbrüche bis 0,1 m Breite und über 1 m Länge;
- Anzahl (Stück): z. B. für Ausbrüche über 0,1 m Breite und bis 1 m² Flächengröße;
- Masse (kg, t): z. B. für Füllstoffe.

Der Abrechnung sind – gleichgültig, ob sie nach Zeichnung oder Aufmaß erfolgt – die Maße der behandelten Flächen zugrunde zu legen. Es gelten immer die *Maße der behandelten fertigen Oberfläche* in ihren jeweils größten Abmessungen (Abb. 67 und 68).

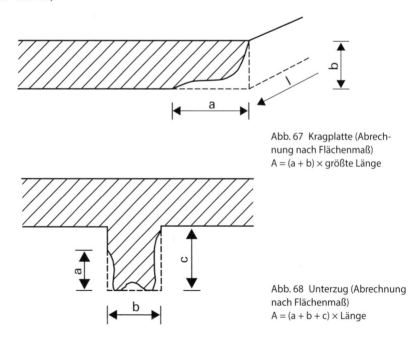

Abb. 67 Kragplatte (Abrechnung nach Flächenmaß)
A = (a + b) × größte Länge

Abb. 68 Unterzug (Abrechnung nach Flächenmaß)
A = (a + b + c) × Länge

Profilierte Flächen sind in der Abwicklung zu rechnen. Aus Gründen der vereinfachten Abrechnung können auch die jeweils größten Abmessungen in der »Ebene« gemessen werden, wenn dies vorher vereinbart wurde.

Aussparungen werden *bis 2,5 m² Einzelgröße* immer *übermessen* und größere entsprechend abgezogen. Sind im Zuge der Arbeiten auch die Kanten der Leibungen von Öffnungen und Nischen zu reprofilieren, handelt es sich um eine Besondere Leistung, die nach Abschnitt 5.1.8 gesondert zu vergüten ist (vgl. auch Abb. 71).

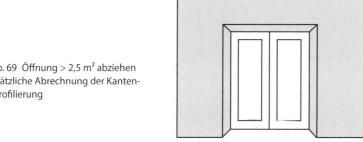

Abb. 69 Öffnung > 2,5 m² abziehen
Zusätzliche Abrechnung der Kantenreprofilierung

Für die Instandhaltung von Leibungen sieht der Abschnitt 0.5.2 die Abrechnung im Längenmaß vor. Enthält jedoch das Leistungsverzeichnis keine Position für die Abrechnung der Leibungen von Öffnungen und Nischen, sollte dies vor Ausführungsbeginn extra vereinbart werden. Bei der Oberflächenbehandlung nach DIN 18363 dürfen alle Leibungen von Öffnungen und Nischen zusätzlich gerechnet werden.

Nach Abschnitt 0.5 sollen Unterzüge, Überzüge, Stützen, Vorlagen, Fenster- und Türstürze mit mehr als 1,6 m Abwicklung nach Flächenmaß abgerechnet werden. Entsprechend ist für diese Bauteile bis 1,6 m Abwicklung das Längenmaß vorzusehen.

Bei der Abrechnung nach Flächenmaß werden *Unterbrechungen bis 30 cm Breite übermessen*. Als Unterbrechungen gelten zum Beispiel Stützen, Unterzüge und Vorlagen.

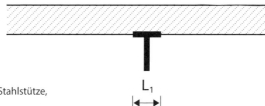

Abb. 70 Deckenfläche mit Stahlstütze, bei $L_1 \leq 30$ cm übermessen

H. ABRECHNUNG VON BETONERHALTUNGSARBEITEN (DIN 18349)

2. Kanten, Bewehrungsstahl und Ausbrüche

Die *Reprofilierung von Kanten* an Stützen, Unterzügen, Kragplatten, Leibungen und dergleichen ist mit erheblichem Aufwand verbunden. Deshalb darf die Instandsetzung von Kanten, Tropfkanten und Nuten gesondert gerechnet werden, in der Regel nach Längenmaß. Erfolgt z. B. die Abrechnung einer Ausbruchstelle an einem Unterzug nach Flächenmaß gemäß Abbildung 71, so kann die Länge der profilierten Kante zusätzlich abgerechnet werden.

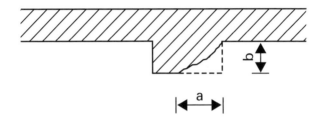

Abb. 71 Unterzug mit profilierter Kante

Beim *Freilegen von Betonstahl* und der *Instandsetzung von Ausbrüchen* und Schichten zeigt sich der tatsächliche Schadensumfang meist erst im Zuge der Arbeiten. Deshalb ist es – beim Vorhandensein einer größeren Zahl örtlich begrenzter Einzelschäden – sinnvoll, für Ausbruchtiefen und Ausbruchbreiten bzw. Ausbruchflächen bereits vorher Kategorien festzulegen, nach denen sich dann die Vergütung zu richten hat. In Abschnitt 0.5.3 der DIN 18349 wird daher im Rahmen der Abrechnung nach Anzahl (Stück) bei Ausbrüchen über 0,10 m Breite und bis 1 m² Fläche wie folgt unterschieden:

   bis zu 0,01 m²
   bis zu 0,05 m²
   bis zu 0,10 m²
   bis zu 0,25 m²
   bis zu 0,50 m²
   bis zu 0,75 m²
   bis zu 1,00 m²

Dabei muss die Größe der Einzelfläche ($A = a \times b$) getrennt nach der jeweils größten Tiefe ermittelt werden, um sie dann einer Abrechnungskategorie zuzuordnen. Die Abbildungen 72 und 73 zeigen beispielhaft die beiden ersten Flächen-Kategorien nach Abschnitt 0.5.3.

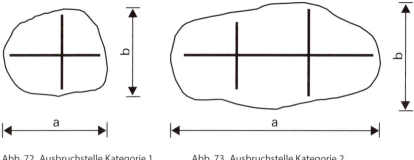

Abb. 72 Ausbruchstelle Kategorie 1
A= ≤ 0,01 m²

Abb. 73 Ausbruchstelle Kategorie 2
A ≤ 0,05 m²

Kategorien für Ausbruchtiefen sieht der Abschnitt 0.5 nicht vor. Häufig wird jedoch folgende Einteilung ausreichen:

bis 1 cm Tiefe,
von 1 bis 3 cm Tiefe
über 3 cm Tiefe.

Das *Freilegen von Bewehrungsstählen* sollte möglichst nach Längenmaß (über 1 m Einzellänge) oder nach Anzahl (bis 1 m Einzellänge) erfolgen. Bei der Abrechnung nach Längenmaß ist zu unterscheiden zwischen Betonstahl bis 16 mm Durchmesser und solchem über 16 mm.

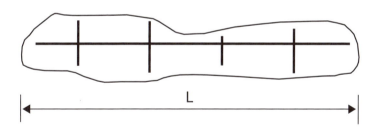

Abb. 74 Ausbruchstelle mit freigelegtem Bewehrungsstahl
Abrechnung nach der größten Länge

Das Freilegen von Bewehrungsstahl wird ebenso wie das Instandsetzen von Ausbrüchen und das Wiederherstellen der Oberfläche nach den *größten Maßen* gerechnet, und zwar unabhängig von der jeweiligen Abrechnungseinheit. Für die Abrechnung nach Flächenmaß bedeutet dies, dass mit dem jeweils kleinsten umschriebenen Rechteck zu rechnen ist (Abb. 75).

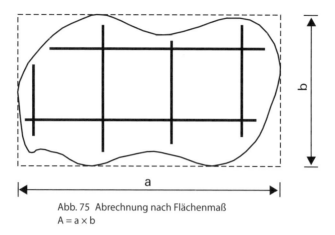

Abb. 75 Abrechnung nach Flächenmaß
A = a × b

Bei der Abrechnung der *Schalung* nach Flächenmaß wird ebenfalls das kleinste umschriebene Rechteck gerechnet (Abb. 76).

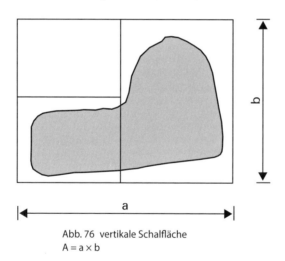

Abb. 76 vertikale Schalfläche
A = a × b

Die *Entrostung* und die *Korrosionsschutzbeschichtung* des Bewehrungsstahls wird jeweils zusätzlich nach Längenmaß oder bis 1 m Einzellänge nach Anzahl (Stück) abgerechnet. Das Liefern, Schneiden, Biegen und Einbauen von neuem Bewehrungsstahl ist nach Abschnitt 5.2.2 ebenfalls gesondert zu vergüten. Maßgebend ist die errechnete Masse. Bei genormten Stählen gelten die Angaben in den DIN-Normen, bei anderen Stählen die Angaben im Profilbuch des Herstellers.
Bindedraht, Walztoleranzen und Verschnitt bleiben bei der Ermittlung der Abrechnungsmassen unberücksichtigt.

I. Abrechnung von Putz- und Stuckarbeiten (DIN 18350)

Grundsätzlich wird bei der Abrechnung von Putz- und Stuckarbeiten nach DIN 18350 nicht zwischen der Leistungsermittlung nach *Zeichnung* und der Leistungsermittlung nach *Aufmaß* unterschieden. Eine Differenzierung erfolgt jedoch zwischen *Innenarbeiten* und *Arbeiten an Fassaden*.

1. Innenarbeiten

Bei *Innenarbeiten* wird unterschieden zwischen Flächen *ohne* begrenzende Bauteile und Flächen *mit* begrenzenden Bauteilen.
Auf Flächen **ohne** begrenzende Bauteile gelten die Maße der zu behandelnden, zu dämmenden, zu bekleidenden bzw. mit Stuck zu versehenden Flächen.

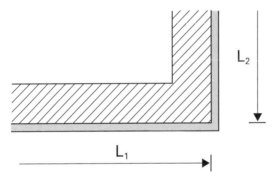

Abb. 77 Putz (innen) auf Flächen ohne begrenzende Bauteile

Auf Flächen **mit** begrenzenden Bauteilen gelten die Maße der zu behandelnden Flächen bis zu den sie begrenzenden, ungeputzten, ungedämmten bzw. unbekleideten Bauteilen (Abb. 78 und Abb. 79).
Als begrenzende Bauteile im Sinne der DIN 18350 gelten insbesondere Rohwände, Rohdecken, Stützen, Unterzüge, tragende Holzbauteile und Stahlträger (Abb. 78 bis 80), jedoch nicht abgehängte Decken, aufgeständerte Fußbodenkonstruktionen, Estriche und Einbauschränke.[1]

---

[1] vgl. Franz, Rainer u. a.: Kommentar zur DIN 18350 und DIN 18299, Putz- und Stuckarbeiten

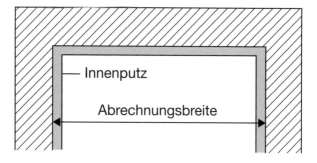

Abb. 78 Putz auf Flächen mit begrenzenden Bauteilen (Grundriss)

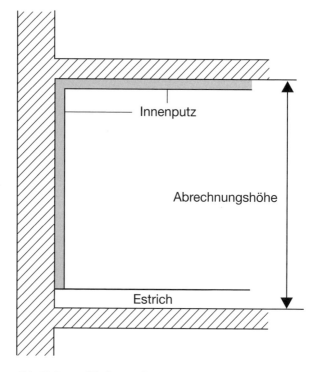

Abb. 79 Putz auf Flächen mit begrenzenden Bauteilen (Schnitt)

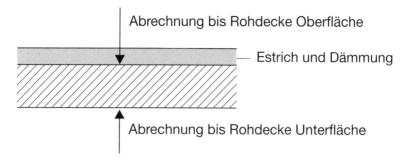

Abb. 80 Stahlbetondecke

Nicht geputzte Flächen über *abgehängten Decken* und unter *Doppelböden* sind Aussparungen und dürfen deshalb bis 2,5 m² je Wandfläche übermessen werden. Die Größe der Aussparung je Wandfläche ist daher abhängig von der Länge der Wand und der Höhe der Aussparung (Abb. 81).

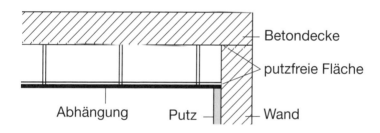

Abb. 81 Wandfläche mit abgehängter Decke

Werden jedoch in der Leistungsbeschreibung Angaben zur Putzhöhe bei abgehängten Decken gemacht, kann die nicht geputzte Wandfläche auch nicht als Aussparung behandelt werden.

Nach Abschnitt 0.5.3 besteht die Möglichkeit, das Verputzen von *Flächen bis 2,5 m²* getrennt nach Stück abzurechen. Dies ist insbesondere sinnvoll bei Sanierungen im Altbau und bei An- und Beiputzarbeiten. Für eine ordnungsgemäße Preisbildung sind abgestufte Flächenkategorien zu bilden, z.B. bis 0,02 m² für Steckdosen, über 0,02 m² bis 0,1 m², usw.

Grundsätzlich gilt auch bei der Abrechnung nach Flächenmaß, dass bei vieleckigen Einzelflächen das kleinste umschriebene Rechteck zugrunde zu legen ist (vgl. Abb. 29, 54 a und 54 b).

2. Aussparungen, Unterbrechungen und Leibungen

Aussparungen, z. B. *Öffnungen und Nischen* in Decken und Wänden, werden wie in der DIN 18363 *bis 2,5 m² * Einzelgröße *übermessen*, größere entsprechend abgezogen. Als Aussparungen in Decken gelten auch solche Flächen, die durch Vorlagen, Stützen und Kamine unbehandelt bleiben. Raumhohe Durchgänge zählen je Raum als Öffnung (Abb. 82). Unmittelbar zusammenhängende verschiedenartige Aussparungen werden nach Abschnitt 5.1.8 getrennt gerechnet (vgl. Abb. 8 und Abb. 64).

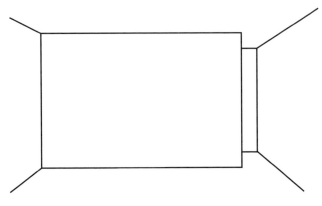

Abb. 82 Raumhoher Durchgang

Nischen bis zu einer Einzelgröße von 2,5 m² werden übermessen, größere sind abzuziehen. Rückflächen von bearbeiteten Nischen sind jedoch unabhängig von ihrer Größe nach Abschnitt 5.1.7 zusätzlich zu rechnen. (Zur Abrechnung von Nischen vgl. die Ausführungen zur DIN 18363.)
Nicht als Nischen im Sinne der VOB gelten durch Vormauerungen entstandene rückwärtige Wandteile. Bleibt die Vormauerung unbehandelt, gilt sie als Aussparung und wird bis 2,5 m² übermessen. Häufig wird jedoch die Vormauerung mitbehandelt, sodass seitliche Flächen und die obere Fläche zusätzlich im Längenmaß abgerechnet werden dürfen.

Behandelte *Leibungen* von Aussparungen (z. B. Öffnungen und Nischen) werden wie in der DIN 18363 unabhängig von der Übermessungsgröße gesondert im Längenmaß gerechnet. Im Hinblick auf eine zuverlässige Preisberechnung empfiehlt es sich, je nach Leibungstiefen verschiedene Positionen im Leistungsverzeichnis vorzusehen.

Eine Leibung ist durch die Tiefe der Wand begrenzt. Die Leibungsfläche muss grundsätzlich innerhalb der jeweilige Wandstärke liegen. Als Wandstärke ist die räumliche Begrenzung der Leibung nach innen und außen zu verstehen; sie darf nicht mit der tatsächlichen »Mauerstärke« (z. B. 30 cm) verwechselt werden. Schräg verlaufende Leibungen können daher unter Umständen auch tiefer sein als die tatsächliche »Mauerstärke« (Abb. 83).

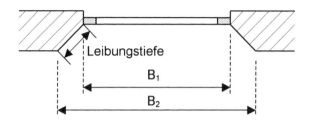

Abb. 83 Innenwandputz mit schräger Leibung (Grundriss)

Da nach Abschnitt 5.2.1.1 für die Abzugsmaße die kleinsten Maße der Aussparung gelten, ist für die Fensteröffnung die Breite B_1 maßgebend und nicht B_2 (Abb. 83).

Ragt die Leibungsfläche über die Wandstärke hinaus, handelt es sich um eine so genannte Scheinleibung; sie wird als Wandfläche gerechnet (Abb. 84).

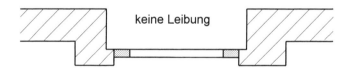

Abb. 84 Innenwandputz bei einem Erker (Grundriss)

Unterbrechungen in der zu bearbeitenden Fläche z. B. durch Fachwerkteile, Stützen, Unterzüge, Gesimse, Vorlagen, Balkonplatten und Podeste, werden nun *bis 30 cm* Einzelbreite übermessen.

Bei Unterbrechungen, die direkt an eine Aussparung angrenzen (z. B. Fachwerkbalken grenzt direkt an eine Türöffnung), wird jedes Bauteil getrennt gerechnet.

3. Fassadenarbeiten

Bei *Fassadenarbeiten* gilt analog zur DIN 18363 das Maß der fertig geputzten Fläche.

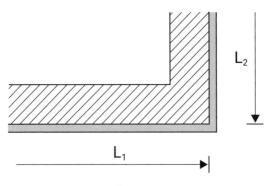

Abb. 85 Außenwand mit Putz

Unterbrechungen der Fassadenfläche dürfen *bis 30 cm* Einzelbreite übermessen werden. So ist für umlaufende Gesimse aus Naturstein nicht die Fläche der Aussparung maßgebend, sondern allein die Bauteilbreite beziehungsweise Bauteilhöhe.

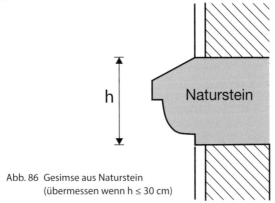

Abb. 86 Gesimse aus Naturstein
(übermessen wenn h ≤ 30 cm)

Öffnungen mit *geputzter* Umrahmung und Faschen sind Bestandteil der Putzfassade und werden deshalb übermessen. Umrahmungen aus *Naturstein* oder anderen Materialien werden durch die Maße der Umrahmung bestimmt. Die Umrahmung und die Öffnung werden als gesamte Aussparung gerechnet und deshalb bis zu einer Einzelgröße von 2,5 m² übermessen. Die Einzelgröße bestimmt sich hier also nach der Fläche der Öffnung zuzüglich der Fläche der Umrahmung.

4. Längenmaß

Bei der Ermittlung der Maße wird gemäß Abschnitt 5.1.2 das jeweils größte, gegebenenfalls abgewickelte Bauteilmaß zugrunde gelegt. Dies gilt insbesondere für Wandanschlüsse, umlaufende Friese, Faschen, Kehlen, Gesimse und Leibungen, die im *Längenmaß* zu rechnen sind.

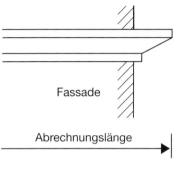

Abb. 87 Gesims

Bei der Abrechnung nach Längenmaß werden *Unterbrechungen bis 1 m Einzellänge* übermessen. Dies ist z. B. bei Putzprofilen anzuwenden, die durch Fenster- oder Türöffnungen unterbrochen werden.

Die Ausbildung von Umrahmungen und Faschen ist eine Besondere Leistung nach Abschnitt 4.2.36 und deshalb zusätzlich zu vergüten. Ebenso wird das Herstellen von Kehlen und Gesimsen nach Längenmaß gesondert gerechnet (Abschnitt 4.2.34). Dies gilt sowohl bei Außen- als auch bei Innenputzarbeiten. Ebenfalls nach Längenmaß ist der Einbau von Sonderprofilen wie Putzleisten, Pariser Leisten, Schienen und Abschlussprofile abzurechnen. Gemäß Abschnitt 4.2.17 ist deren Einbau eine Besondere Leistung und daher vom Auftraggeber gesondert zu vergüten. Dies gilt auch für die Ausbildung von Kanten ohne Profile. Auch das Herstellen von Putzanschlüssen an angrenzende Bauteile und das Herstellen von Anschluss-, Bewegungs- und Gebäudetrennfugen ist nach Abschnitt 4.2.12 eine Besondere Leistung und deshalb nach Längenmaß zusätzlich abzurechnen.
Grundsätzlich ist darauf hinzuweisen, dass bei allen *Besonderen Leistungen*, für die im Leistungsverzeichnis keine besondere Vergütung vorgesehen ist, diese nach § 2 Abs. 6 VOB/B vor Ausführungsbeginn beim Auftraggeber anzukündigen sind.

Übung

(Lösung im Anhang S. 118)

Ermitteln Sie für folgendes Objekt die entsprechenden Abrechnungsmaße:

Position 1 Fassadenfläche (Kratzputz)
Position 2 Sockelfläche (Reibeputz)
Position 3 Leibungen (seitlich und oben)

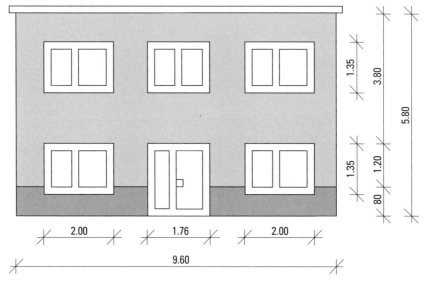

Abb. 88 Fassadenfläche

J. Abrechnung von Korrosionsschutzarbeiten an Stahlbauten (DIN 18364)

DIN 18364 gilt insbesondere für Beschichtungsarbeiten zum Zwecke des Korrosionsschutzes von Bauteilen aus Stahl und von Stahlkonstruktionen, die einer statischen Berechnung oder Zulassung bedürfen, und des Korrosionsschutzes in Verbindung mit dem baulichen Brandschutz.

Der Abrechnung sind – gleichgültig, ob sie nach Zeichnung oder Aufmaß erfolgt – die Maße der behandelten Flächen zugrunde zu legen. Damit sind die tatsächlich beschichteten Maße gemeint. Für genormte Profile gelten die Angaben in den DIN-Normen, bei anderen Profilen die Angaben im Profilbuch des Herstellers.

Als Abrechnungseinheiten sind im Leistungsverzeichnis vorzusehen:
- Flächenmaß (m^2)
- Längenmaß (m)
- Anzahl (Stück)
- Masse (kg, t)

1. Flächenmaß

Nach Flächenmaß sind insbesondere abzurechnen:
- Vollwandkonstruktionen und Fachwerkkonstruktionen aus Profilen mit einem Umfang von mehr als 90 cm
- Fenster, Türen, Tore und dergleichen
- Rohre mit einem Umfang von mehr als 90 cm
- Behälter, Spundwände und profilierte Bleche
- Geländer, Abdeckbleche, Gitterroste und dergleichen

Beispiel zur Abrechnung von I-Trägern (DIN EN 10034) nach Flächenmaß		
20 m I-Träger PE 100 ⟶	20 m × 0,400 m^2/m =	8,00 m^2
10 m I-Träger PE 200 ⟶	10 m × 0,768 m^2/m =	7,68 m^2
10 m I-Träger HE B 200 (PB) ⟶	10 m × 1,150 m^2/m =	11,50 m^2
Beschichtungsfläche		27,18 m^2

Bei der Leistungsermittlung nach Flächenmaß werden alle Überdeckungen, Aussparungen und Durchdringungen *bis 0,1 m² * Einzelgröße übermessen.

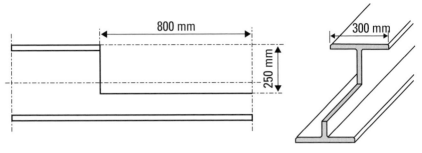

Abb. 89a Aussparung I-Träger   Abb. 89b Aussparung I-Träger

Die Ermittlung der Aussparung für oben abgebildeten I-Träger ergibt sich wie folgt:

a) 2 Seiten × 0,80 m × 0,25 m = 0,40 m²
b) 2 Seiten × 0,30 m × 0,80 m = 0,48 m²

Aussparungsfläche insgesamt   0,88 m²

2. Längenmaß

Nach Längenmaß sind insbesondere abzurechnen:

- Profile und Teilflächen von Profilen mit einem Umfang bis 90 cm
- Rohre mit einem Umfang bis 90 cm
- Geländer
- zusätzliche Beschichtung der Kanten und Schweißnähte.

Längen werden grundsätzlich mit den jeweils größten Maßen ermittelt. Rohre werden deshalb immer im Außenbogen gemessen und eckige Profile an der längsten Seite. Bei der Abrechnung nach Längenmaß sind Kreuzungen, Überdeckungen und Durchdringungen zu übermessen (Abb. 90). Abzuziehen sind nur Unterbrechungen von mehr als 1 m Länge.

Bei der Bearbeitung von Rohrleitungen werden Armaturen, Flansche und dergleichen ebenfalls übermessen (Abb. 91). Deren Beschichtung ist zusätzlich – am besten nach Anzahl (Stück) – zu rechnen (Abschnitt 5.1.5).

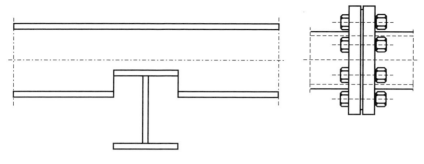

Abb. 90 Überdeckung von 2 I-Trägern   Abb. 91 Flanschpaar

3. Masse

Falls das Leistungsverzeichnis als Abrechnungseinheit die *Masse* der zu behandelnden Konstruktionen vorgibt, ist für die Preisbildung die Masse auf die Fläche umzurechnen. Über die Masse der ausgeschriebenen Profile, Bleche und Bänder kann deren Oberfläche für die Beschichtung ermittelt werden. Verbindungsmittel, z. B. Schrauben, Nieten, Schweißnähte, bleiben bei dieser Art der Abrechnung unberücksichtigt.

Beispiel zur Umrechnung von Profilen nach DIN EN 10034		
2,25 t breite Träger HE B 180 (IPB) ⟶ 2,25 t × 20,31 m²/t	=	45,70 m²
3,50 t breite Träger HE B 300 (IPB) ⟶ 3,50 t × 14,78 m²/t	=	51,73 m²
Beschichtungsfläche		97,43 m²

Bei der Abrechnung nach Massen ist bei Blechen und Bändern
  aus Stahl die Masse von   7,85 kg/m²;
  aus nicht rostendem Stahl die Masse von   7,90 kg/m²
je 1 mm Dicke zugrunde zu legen.

Bei der Abrechnung nach Masse ist zu beachten, dass die Masse von Teilen, deren Flächen ganz oder teilweise nicht zu behandeln sind, nicht abgezogen wird. Wollte man der Abrechnung nur die bearbeiteten, sichtbaren Flächen zugrunde legen, würde ein unverhältnismäßig hoher Aufwand für das exakte Aufmaß entstehen. Deshalb werden Teilflächen, die zur Lagerung im Mauerwerk oder Beton eingelassen oder als Stützen oder Stützfüße einbetoniert sind, nicht abgezogen.

Übung

(Auflösung im Anhang, S. 118)

Leistungsbeschreibung

Erstbeschichtung einer Stahlkonstruktion in einer Lagerhalle
Vorbereiten der Oberfläche gemäß Oberflächenvorbereitungsgrad Sa 2 1/2
Korrosionsschutzgrundierung, zwei Aufträge mit Dämmschichtbildner,
ein Schlussauftrag mit Schutzlack

Ermitteln Sie die gesamte Anstrichfläche für folgende Stahlbauteile:

Typ	Kurzzeichen	Massen	Mantelfläche
Rundkantiger U-Stahl (DIN 1026)	U 200	50,0 m	0,661 m²/m
Mittelbreiter I-Träger (DIN EN 10034)	IPE 200	1,7 t	34,280 m²/t
Breiter I-Träger (DIN EN 10034)	HE B 400 (IPB)	85,0 m	1,930 m²/m

Hinweis: Der Träger HE B 400 (IPB) hat 10 Überdeckungen (einseitig) im Bereich von Stützen mit folgenden Maßen: 500 mm × 400 mm.

K. Abrechnung von Bodenbelagarbeiten (DIN 18365)

Die DIN 18365 unterscheidet nicht zwischen der Leistungsermittlung aus Zeichnungen und dem Aufmaß vor Ort. Es gelten für Bodenbeläge, Unterlagen und Schutzabdeckungen auf Flächen mit begrenzenden Bauteilen immer die *Rohbaumaße,* die auch den Zeichnungen zugrunde liegen. Beim Aufmaß vor Ort wird deshalb der vor einem Mauerwerk aufgebrachte Putz durchgemessen. Als Putzstärke sind etwa 15 mm anzusetzen.

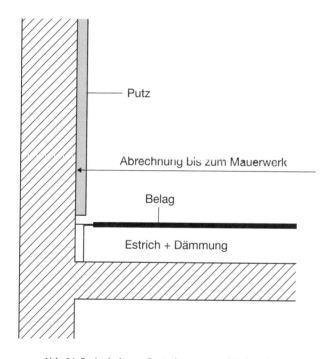

Abb. 94 Bodenbelag an Bauteil angrenzend (Schnitt)

Auf Flächen ohne begrenzende Bauteile wird mit dem Maß der zu belegenden Fläche, also mit dem effektiven Maß, abgerechnet. Dies ist z. B. dann der Fall, wenn der Bodenbelag an einen Fliesenbelag angrenzt (Abb. 95).
Beläge auf Flächen von *Stufen und Schwellen* werden nach deren größten Maßen abgerechnet. Besonders deutlich wird dies bei gewendelten Treppenstufen (Abb. 96, S. 100). Es wird die größte Breite und die größere Länge der Trittstufe gemessen ($A = L \times B$).

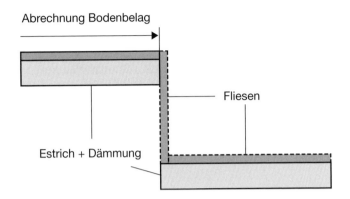

Abb. 95 Fläche ohne begrenzendes Bauteil

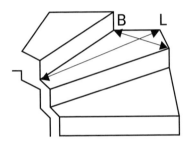

Abb. 96 Gewendelte Treppenstufen

Bei der Abrechnung nach Flächenmaß werden *Aussparungen,* z. B. für Öffnungen, Pfeiler, Vorlagen und Rohrdurchführungen, *über 0,1 m² Einzelgröße* abgezogen. Das Herstellen dieser Öffnungen ist nach Abschnitt 4.2.7 als Besondere Leistung gesondert abzurechnen. In Bodenbeläge nachträglich eingearbeitete Teile, z. B. Intarsien oder Markierungen, werden übermessen und gesondert gerechnet.

Um die Abrechnung beim Längenmaß zu vereinfachen, gilt auch hier wie in anderen ATVs, dass *Unterbrechungen* erst abgezogen werden, wenn deren Einzellänge *mehr als 1 m* beträgt. Für alle Unterbrechungen bei Türen und Durchgängen wird ebenfalls das Maß der Bauzeichnung (Rohbaumaß) zugrunde gelegt. Dies kann in der Praxis dazu führen, dass beim Anbringen von Sockelleisten an Türen durch Futter und Bekleidung Unterbrechungen von mehr als 1 m Einzellänge entstehen und diese trotzdem übermessen werden dürfen, wenn das Rohbaumaß der Öffnung 1,00 m nicht übersteigt (Abb. 97).

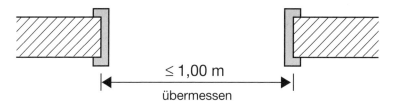

Abb. 97 Türöffnung mit Futter und Bekleidung (Grundriss)

Übung

(Lösung im Anhang, S. 119)

Position 1 Bodenfläche inkl. Türdurchgang mit Teppichboden belegen
Position 2 Sockelleisten an Wänden und Pfeilern anbringen

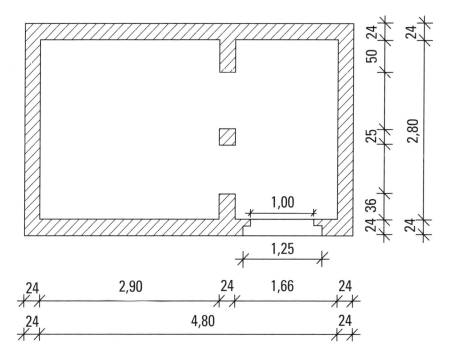

Abb. 98 Zimmer mit Pfeiler und Vorsprung (Grundriss)

L. Abrechnung von Gerüstarbeiten (DIN 18451)

1. Grundsätzliches

DIN 18451 gilt für das Auf-, Um- und Abbauen sowie für die Gebrauchsüberlassung von Gerüsten und Bühnen.

Als Abrechnungseinheiten sind im Leistungsverzeichnis vorzusehen:
- Flächenmaß (m²)
- Raummaß (m³)
- Längenmaß (m)
- Anzahl (Stück)

Für die Abrechnung von Gerüsten gelten grundsätzlich die Maße der *eingerüsteten Fläche*. Eine Unterscheidung in die Leistungsermittlung nach Zeichnung oder nach Aufmaß erfolgt nicht. Als eingerüstete Fläche gelten die Flächen und Bauteile, für deren Bearbeitung oder Schutz das Gerüst erstellt wurde.

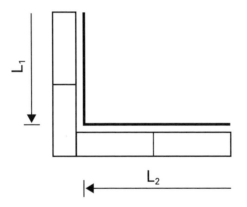

Abb. 99 Volleinrüstung; $A = (L_1 + L_2) \times H$

Werden vom Gerüst aus auch andere Bauteile als die Fassade (z. B. Dachrinnen, Gesimse) bearbeitet, sind diese bei der Flächenberechnung zu berücksichtigen.

Vor- und Rücksprünge der Flächen, die die wandseitige Gerüstflucht unterbrechen, werden in der Abwicklung gerechnet. Die Abrechnungslänge für Abb. 100 ergibt sich dann wie folgt: $L_{ges} = L_1 + 2 \times L_2 + 2 \times L_3$

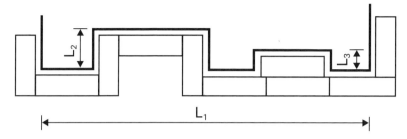

Abb. 100 Wandfläche mit Rücksprüngen

Die Höhe der Gerüste wird von der *Standfläche* ausgehend gerechnet. Als Standfläche gilt die vom Gerüst überbaute Fläche zwischen den Einleitungspunkten der Lasten aus der Gerüstkonstruktion in das Bauwerk oder in den Untergrund (Abb. 101–103).

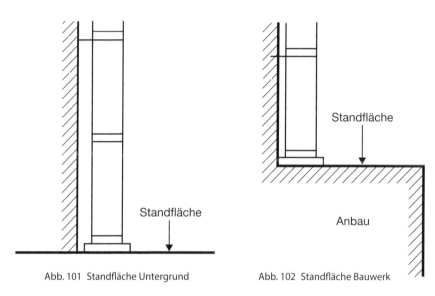

Abb. 101 Standfläche Untergrund   Abb. 102 Standfläche Bauwerk

Bei der Standfläche in Abb. 103, S. 104, handelt es sich um eine Standlinie, die aus der Verbindung der Lasteinleitungspunkte gebildet wird. Der Lasteinleitungspunkt liegt jeweils in der Unterkante des Lastverteilers oder des Unterbaus. Die Lasteinleitungspunkte sind so zu verbinden, dass eine Linie *parallel* zum vom Gerüst überbauten Traggrund entsteht. Als Traggrund gilt der jeweils unmittelbar mit dem Lasteinleitungspunkt verbundene Baugrund oder das entsprechende Bauwerksteil.

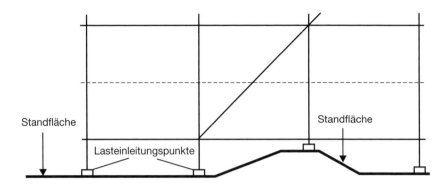

Abb. 103 Standfläche auf Untergrund

Das Freimachen des Geländes für Standflächen des Gerüstes, der Schutz und Rückschnitt von Pflanzen und Bäumen sowie das Herstellen und Entfernen von Hilfsgründungen gelten nun als Besondere Leistungen, die extra zu vergüten sind.

Bei *Teileinrüstungen* ist für die Abrechnungslänge das Maß der Länge der zu bearbeitenden Fläche maßgebend. Die Höhe bestimmt sich von der Standfläche des Gerüstes bis zur höchsten Stelle der eingerüsteten, bearbeiteten Fläche.
Die Abrechnungsfläche der Abb. 104 ergibt sich wie folgt: $A_{Gerüst} = L \times H$

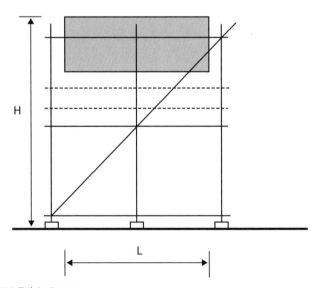

Abb. 104 Teileinrüstung

Für den *abschnittsweisen Auf- oder Abbau* gelten hinsichtlich der Aufmaßhöhe besondere Bestimmungen. Danach wird die Höhe von der Standfläche des Gerüstes bis zum jeweils obersten Gerüstbelag zuzüglich 2 m gerechnet, jedoch nicht höher als bis zur höchsten Stelle der eingerüsteten Fläche (Abb. 105 und 106).
Diese Regelung gilt für Voll- oder Teileinrüstungen. Die Maßangabe von 2,00 m entspricht in der Regel der »Rasterung« der auf dem Markt befindlichen Gerüstsysteme.

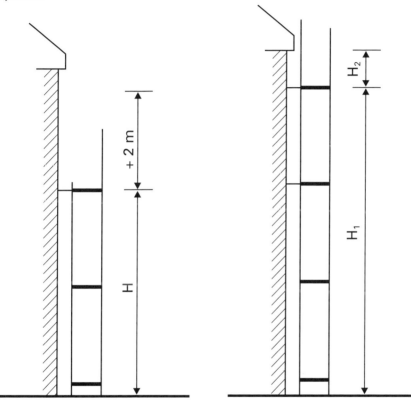

Abb. 105 Aufmaßhöhe Fassade = H + 2,00 m   Abb. 106 Aufmaßhöhe Fassade = $H_1 + H_2$

2. Arbeits- und Schutzgerüste

Arbeitsgerüste dienen der Ausführung von Arbeiten vom Gerüst aus. Außer den arbeitenden Personen und den Werkzeugen haben sie die für die Arbeiten unmittelbar erforderlichen Werkstoffe zu tragen.

Die Länge von Arbeits- und Schutzgerüsten wird in der größten horizontalen Abwicklung der eingerüsteten Fläche, *mindestens mit 2,5 m*, gerechnet (Abb. 107 und 108). Vor- und Rücksprünge, die die wandseitige Gerüstflucht (Belagkante) nicht unterbrechen, bleiben unberücksichtigt. Der Abstand zwischen Belag und Bauwerk darf jedoch nicht größer sein als 0,30 m.

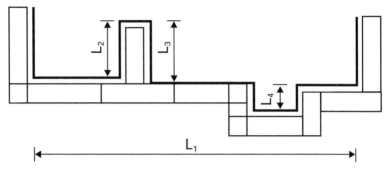

Abb. 107 Horizontale Abwicklung mit Vor- und Rücksprüngen
$L_{ges} = L_1 + L_2 + L_3 + 2 \times L_4$

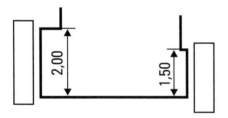

Abb. 108 Teileinrüstungen < 2,5 m
$L_{ges} = 2 \times 2{,}50\ m$

Anders verhält es sich jedoch, wenn die Seitenflächen mit der Frontfläche eine zusammenhängende Einrüstung darstellen (Abb. 109). Dann gilt die Mindestlänge von 2,5 m für die gesamte zusammenhängende Einrüstung.

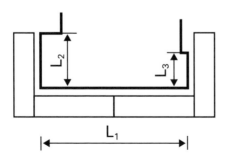

Abb. 109 Zusammenhängende Einrüstung
$L_{ges} = L_1 + L_2 + L_3$

Öffnungen in der eingerüsteten Fläche, z. B. Fenster, Tore, Durchfahrten, sowie überbrückte Gebäudeteile, Anbauten, Balkone, Erker und dergleichen werden unabhängig von deren Maßen übermessen.

Verbreiterungen bzw. Teilverbreiterungen von Arbeitsgerüsten, z. B. für die Bearbeitung von Gesimsen, Dachüberständen, Rinnen, Erkern, werden entsprechend der Länge der eingerüsteten bzw. umrüsteten Bauteile gerechnet. Die Gerüstverbreiterung in Abb. 110 wird deshalb zusätzlich zur Abrechnung der Gerüstfläche nach Längenmaß entsprechend der Länge des Vorbaus gerechnet.

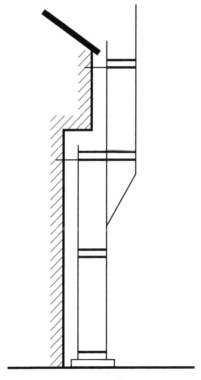

Abb. 110 Gerüstverbreiterung

Teilgerüste vor *Dachgauben*, Dachaufbauten und dergleichen werden nach Abschnitt 5.2.3 in der Breite der eingerüsteten Bauteile ggf. in der Abwicklung gerechnet. Die Höhe bemisst sich nach der höchsten Stelle dieser Bauteile, jedoch max. 2 m über der obersten Belagfläche. Den Fußpunkt für die Abrechnungshöhe bildet die Oberkante der abzurechnenden Fläche des Fassadengerüstes (Hauptgerüst). Die Flächenermittlung für Abb. 111 ergibt sich dann wie folgt:

$A_{\text{Fassadengerüst}} = L \times H$

$A_{\text{Teilgerüst Gaube}} = L_1 \times H_1$

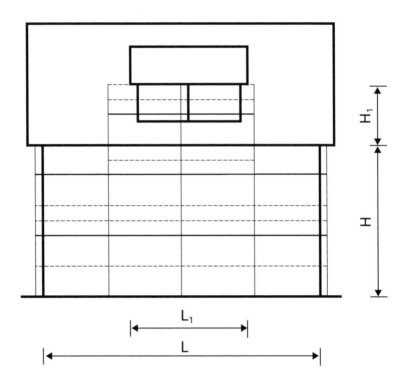

Abb. 111 Fassadengerüst mit Teilgerüst vor Dachgaube

Wird nur die Frontseite der Gaube und der Dachüberstand behandelt, ergibt sich die Abrechnungsfläche wie folgt: $A = L_1 \times (H + H_1)$

Nach Abschnitt 5.2.4 werden Arbeitsgerüste vor *Dachgauben* und Dachaufbauten in der Länge durchgemessen, sofern die wandseitige Gerüstflucht nicht unterbrochen ist und der Abstand zwischen den Bauteilen nicht mehr als 2,5 m beträgt (Abb. 112).

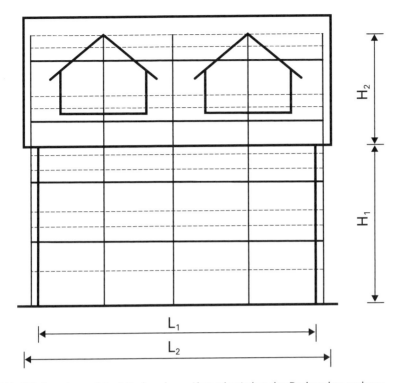

Abb. 112 Fassadengerüst mit Dachgauben – Abstand zwischen den Dachgauben und zum Hauptgiebel jeweils ≤ 2,5 m.

$A_{\text{Fassadengerüst}} = L_1 \times (H_1 + H_2)$
$A_{\text{Fassadengerüst mit Dachrinne}} = L_2 \times (H_1 + H_2)$

Werden die Kräfte aus dem Gerüst vor einer Dachgaube nicht in ein darunter befindliches Hauptgerüst abgeleitet, beispielsweise wenn das Gerüst auf der Dachfläche steht, handelt es sich nicht um ein Teilgerüst im Sinne des Abschnitts 5.2.3. Es sind dann die zur Standfläche bzw. zur Aufmaßhöhe und Aufmaßlänge gemachten Ausführungen entsprechend anzuwenden.

Schutzgerüste sichern als Fang- oder Dachfanggerüste Personen gegen Absturz. Als Schutzdach schützen sie Personen, Maschinen, Geräte und Werkstoffe gegen herabfallende Gegenstände.

Bei der Abrechnung von Schutzgerüsten als Standgerüst nach Flächenmaß sind die Vorschriften über die Arbeitsgerüste entsprechend anzuwenden.

Es ist jedoch zweckmäßiger, Fanggerüste, Dachfanggerüste, Schutzdächer und Fußgängertunnel nach Längenmaß abzurechnen. Die Abrechnungslänge wird dann in der größten Abwicklung der Gerüstaußenseiten gemessen.

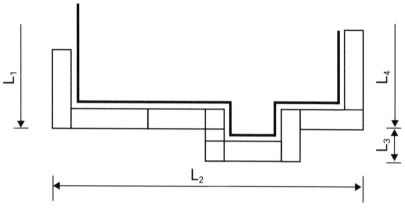

Abb. 113 Fanggerüst (Abrechnung nach Längenmaß)
$L_{ges} = L_1 + L_2 + 2 \times L_3 + L_4$

Überbrückungen, die z. B. bei Öffnungen, Dächern, Gebäudeteilen, Anbauten und Durchfahrten erforderlich sind, werden bei Abrechnung nach Längenmaß in der Länge des überbrückten Zwischenraumes gerechnet (Abb. 114). Überbrückungen sind Sonderkonstruktionen und werden zusätzlich zur Gerüstfläche abgerechnet – am besten als Zulage zur Hauptposition. Die überbrückte Fläche wird nicht abgezogen.

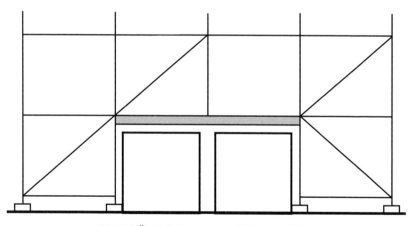

Abb. 114 Überbrückung von zwei Garagenzufahrten

Gerüstbekleidungen werden nach der tatsächlichen Bekleidungsfläche abgerechnet. Maßgebend für die Abrechnungslänge sind deshalb die Außenecken des Gerüsts (Abb. 115). Die Höhe wird bis zur tatsächlichen Gerüsthöhe gerechnet; sie richtet sich also nicht nach der bearbeiteten, eingerüsteten Fläche.

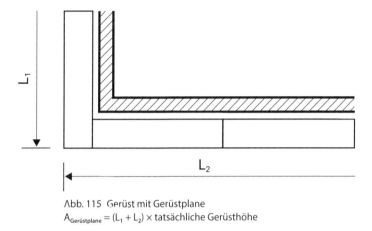

Abb. 115 Gerüst mit Gerüstplane
$A_{Gerüstplane} = (L_1 + L_2) \times$ tatsächliche Gerüsthöhe

3. Gebrauchsüberlassung

Die *Gebrauchsüberlassung* von *Arbeits- und Schutzgerüsten* während der Grundeinsatzzeit von *4 Wochen* ist eine Nebenleistung. Die Woche rechnet ab dem Tag der Gebrauchsüberlassung mit jeweils 7 Tagen.
Beginn und voraussichtliche Dauer der Gebrauchsüberlassung von Gerüsten sind in der Leistungsbeschreibung anzugeben.

- Beginn der Gebrauchsüberlassung
  a) am vertraglich vereinbarten Termin oder
  b) ab dem Tag der Nutzung, wenn diese vor dem vereinbarten Tag erfolgt

Es erfolgt jedoch keine Verlängerung der Grundeinsatzzeit, wenn der Auftraggeber das Gerüst zu einem späteren als dem vereinbarten Termin benutzt oder die Benutzung unterbricht.

- Ende der Gebrauchsüberlassung
  a) frühestens 3 Werktage nach Zugang der Mitteilung des Auftraggebers über die Freigabe zum Abbau oder
  b) zum vertraglich vereinbarten Zeitpunkt, wenn 3 Werktage vorher die Freigabe zum Abbau mitgeteilt wurde

Für das Ende der Gebrauchüberlassung ist also der Tag maßgebend, an dem der Auftragnehmer die Mitteilung über die Freigabe erhält. Für die Abrechnung der Dauer der Gebrauchsüberlassung, die über die Grundeinsatzzeit hinausgeht, gilt jede angefangene Woche als weitere volle Woche, sofern die Vertragspartner nichts anderes vereinbart haben.

Beispiel zur Gebrauchsüberlassung

Vereinbarter Vertragsbeginn: Mo. 6.11.
Erstmalige Nutzung: Mi. 8.11.
Freigabemitteilung: Fr. 1.12.
Geplantes vertragliches Ende: Sa. 2.12.

	Montag	Dienstag	Mittwoch	Donnerstag	Freitag	Samstag
1. Woche	6. 11. Vertragsbeginn	7. 11.	8. 11. Nutzungsbeginn	9. 11.	10. 11.	11. 11.
2. Woche	13. 11.	14. 11.	15. 11. Grundeinsatzzeit	16. 11.	17. 11.	18. 11.
3. Woche	20. 11.	21. 11.	22. 11.	23. 11.	24. 11.	25. 11.
4. Woche	27. 11.	28. 11.	29. 11.	30. 11.	1. 12. Freigabemitteilung	2. 12. 1. Werktag
5. Woche	4. 12. 2. Werktag	5. 12. 3. Werktag	6. 12.	7. 12.	8. 12.	9. 12.

Überschreitung der Grundeinsatzzeit

Die Freigabemitteilung erfolgt zu spät, so dass nach DIN 18451 Abschnitt 4.2.16 die über die Gebrauchsüberlassung von 4 Wochen hinausgehende Zeit als Besondere Leistung zusätzlich zu vergüten ist, wenn in der Leistungsbeschreibung nichts anderes festgelegt wurde.

ANHANG

Lösungen zu den Übungen im Textteil

Reihenfolge der Lösungen

1. Übungen zu den Grundregeln
2. Übung zur Abrechnung nach Längenmaß
3. Übungen zur Abrechnung von Türen
4. Übungen zur Abrechnung von Fenstern
5. Übungen zur Abrechnung von Heizkörpern
6. Übungen zur Abrechnung von Stahlbauteilen und Profilblechen
7. Übung zur Abrechnung von Putz- und Stuckarbeiten
8. Übung zur Abrechnung von Korrosionsschutzarbeiten
9. Übung zur Abrechnung von Bodenbelagsarbeiten

1. Übungen zu den Grundregeln

Pos. Nr.	Bezeichnung	Stück +	Stück −	Abmessungen Länge	Abmessungen Breite	Abmessungen Höhe	Messgehalt	Abzug	reiner Messgehalt
Abb 14									
1. Wandfläche 1									
		1		6,00	2,50		15,00		
	Fenster		1	2,50	1,35			3,38	
	Fliesen		1	1,45	2,15			3,12	
							15,00	6,50	**8,50**
	Erläuterung: Türöffnung und Heizkörpernische übermessen, da jeweils < 2,5 m²								
2. Leibungen									
	Tür und Fenster mit HKN	4		2,15			8,60		
	Tür	1		0,90			0,90		
	Fenster	1		2,50			2,50		
							12,00		**12,00**
Abb 15									
1. Wandfläche 2									
		1		6,00	2,50		15,00		
	Nische		1	2,00	2,00			4,00	
							15,00	4,00	**11,00**
	Erläuterung: Türöffnung und Holzverkleidung übermessen, da jeweils < 2,5 m²								

2. Leibungen									
	Tür		2		2,50			5,00	
	Nische		3		2,00			6,00	
								11,00	**11,00**
	Erläuterung: Die obere »Türleibung« zählt zur Deckenfläche								

2. Übung zur Abrechnung nach Längenmaß

Pos. Nr.	Bezeichnung	Stück +	–	Abmessungen Länge	Breite	Höhe	Messgehalt	Abzug	reiner Messgehalt
	Fußleiste (Höhe 0,15 m)	2		4,00			8,00		
		2		6,00			12,00		
	Durchgang		1	1,50				1,50	
							20,00	1,50	**18,50**

3. Übungen zur Abrechnung von Türen

Pos. Nr.	Bezeichnung	Stück +	–	Abmessungen Länge	Breite	Höhe	Messgehalt	Abzug	reiner Messgehalt
1	Wohnungs- und Zimmertüren mit Futter und Bekleidung								
	Türblätter	46		0,89	2,02	2	165,40		
	Futter und Bekleidung	92		0,40	2,02		74,34		
		46		0,40	0,89		16,38		
	Türblätter	24		0,76	2,02	2	73,69		
	Futter und Bekleidung	48		0,28	2,02		27,15		
		24		0,28	0,76		5,11		
							362,07		**362,07**
2	Eingangstüren mit Blockzarge								
	Eingangstüren	4		1,00	2,15	2			**4 Stück**
3	Stahltüren mit Stahumfassungszargen								
	Türblätter	12		0,95	2,00	2	45,60		
	Zargen	24		0,36	2,00		17,28		
		12		0,36	0,95		4,10		
							66,98		**66,98**
4	Brandschutztüren mit Eckzargen								
	Türblätter	2		1,00	2,10	2	8,40		
	Stirnseiten	4		0,08	2,10		0,67		
		2		0,08	1,00		0,16		
	Eckzargen	4		0,18	2,10		1,51		
		2		0,18	1,00		0,36		
							11,10		**11,10**

4. Übungen zur Abrechnung von Fenstern

Pos. Nr.	Bezeichnung	Stück +	Stück -	Abmessungen Länge	Abmessungen Breite	Abmessungen Höhe	Messgehalt	Abzug	reiner Messgehalt
1	Isolierglasfenster, alls.	10		1,40	1,20	2	33,60		33,60
2	Doppelfenster, allseitig	12		1,20	1,00	4			12 Stück
3	Isolierglasfenster, alls.	5		1,60	1,40	2	22,40		
		7		1,20	1,39	2	23,35		
		4		2,00	1,30	2	20,80		
		4		1,00	0,80	2	6,40		
							72,95		72,95
4	Kastenfenster	5		1,26	1,35	4	34,02		
	Leibungen seitlich	10		0,20	1,35		2,70		
	oben und unten	10		0,20	1,26		2,52		
							39,24		39,24

5. Übungen zur Abrechnung von Heizkörpern

Pos. Nr.	Bezeichnung	Stück +	Stück -	Abmessungen Länge	Abmessungen Breite	Abmessungen Höhe	Messgehalt	Abzug	reiner Messgehalt
1	Radiatoren								
	Gußradiator DIN 4720	20		580	160	0,255	5,10		
	Stahlradiatoren DIN 4722	22		600	110	0,140	3,08		
		22		600	110	0,140	3,08		
	Guß-Säulenradiator	16		870	140	0,290	4,64		
	Stahl-Röhrenradiator	20		750	100	0,180	3,60		
							19,50		19,50
2	Plattenheizkörper								
	Buderus PKKP	2		2,50	600	6,60	33,00		
	Hagan PK 22	1		1,00	500	2,20	2,20		
	Schäfer EK	2		1,50	600	2,77	8,31		
	Schäfer DKEK	1		0,60	300	4,15	2,49		
							46,00		46,00
3	Radiatoren (nach Abwicklung)								
	Gußradiator	20		0,50	0,160	2,8	4,48		
	Guß-Säulenradiator	16		0,80	0,140	2,5	4,48		
							8,96		8,96

LÖSUNGEN ZU DEN ÜBUNGEN IM TEXTTEIL

6. Übungen zur Abrechnung von Stahlbauteilen und Profilblechen

Pos. Nr.	Bezeichnung	Stück +	Stück −	Abmessungen Länge	Abmessungen Breite	Abmessungen Höhe	Messgehalt	Abzug	reiner Messgehalt
1	verzinktes Wellblech, einseitig								
	Profil 30 x 135	1		5,80	2,89	1,111	18,62		18,62
2	I-Träger (DIN 10034), allseitig								
	IPE 240	1		10,00	0,922		9,22		
	IPB 400	1		20,00	1,930		38,60		
	IPBl 550	1		5,00	2,210		11,05		
							58,87		58,87

7. Übung zur Abrechnung von Putz- und Stuckarbeiten

Pos. Nr.	Bezeichnung	Stück +	Stück −	Abmessungen Länge	Abmessungen Breite	Abmessungen Höhe	Messgehalt	Abzug	reiner Messgehalt
1	Fassadenfläche	1		9,60	5,00		48,00		
	Fenster		2	2,00	1,35			5,40	
							48,00	5,40	42,60
	Erläuterungen: Eingangstür und untere Fenster werden übermessen, da anteilig < 2,5 m² Fenster über Eingangstür wird ebenfalls übermessen, da < 2,5 m²								
2	Sockelfläche	1		9,60	0,80		7,68		7,68
	Erläuterung: Eingangstür und untere Fenster werden übermessen, da anteilig < 2,5 m²								
3	Leibungen Fenster	10		1,35			13,50		
		4		2,00			8,00		
		1		1,76			1,76		
	Leibungen Tür	2		2,00			4,00		
		1		1,76			1,76		
							29,02		29,02

8. Übungen zur Abrechnung von Korrosionsschutzarbeiten

Pos. Nr.	Bezeichnung	Stück +	Stück −	Abmessungen Länge	Abmessungen Breite	Abmessungen Höhe	Messgehalt	Abzug	reiner Messgehalt
	Stahlkonstruktion								
	Rundkantiger U-Stahl	1		50,00	0,661		33,05		
	I-Träger IPE 200	1		1,70	34,28		58,28		
	I-Träger IPB 400	1		85,00	1,93		164,05		
	Aussparungen		10	0,50	0,40			2,00	
							255,38	2,00	253,38

9. Übung zur Abrechnung von Bodenbelagarbeiten

Pos. Nr.	Bezeichnung	Stück +	Stück −	Abmessungen Länge	Abmessungen Breite	Abmessungen Höhe	Messgehalt	Abzug	reiner Messgehalt
1	Bodenfläche	1		4,80	2,80		13,44		
	Türdurchgang	1		1,25	0,24		0,30		
	Vorsprung		1	0,24	0,50			0,12	
							13,74	0,12	**13,62**
	Erläuterungen: Türdurchgang wird nach den größten Maßen gerechnet Vorsprung wird abgezogen, da > 0,1 m²								
2	Sockelleisten Wände	2		4,80			9,60		
		2		2,80			5,60		
	Pfeiler	2		0,25			0,50		
		2		0,24			0,48		
	Vorsprung 1	2		0,36			0,72		
	Vorsprung 2	2		0,50			1,00		
							17,90		**17,90**
	Erläuterungen: Türöffnung wird übermessen, weil die Unterbrechung nicht größer als 1 m ist								

LÖSUNGEN ZU DEN ÜBUNGEN IM TEXTTEIL

Abrechnungsvorschriften der VOB, Ausgabe 2012

VOB Vergabe- und Vertragsordnung für Bauleistungen –
Teil C: Allgemeine Technische Vertragsbedingungen für Bauleistungen (ATV)

DIN 18299
Allgemeine Regelungen für Bauarbeiten jeder Art
Ausgabe September 2012

5   **Abrechnung**
    Die Leistung ist aus Zeichnungen zu ermitteln, soweit die ausgeführte Leistung diesen Zeichnungen entspricht. Sind solche Zeichnungen nicht vorhanden, ist die Leistung aufzumessen.

DIN 18363
Maler- und Lackierarbeiten – Beschichtungen
Ausgabe September 2012

0.5   *Abrechnungseinheiten*

   Im Leistungsverzeichnis sind die Abrechnungseinheiten wie folgt vorzusehen:

0.5.1   *Flächenmaß (m^2), getrennt nach Bauart und Maßen, für*
   - *Decken, Wände, Böden und Bekleidungen bei Flächen über 2,5 m^2 Einzelgröße,*
   - *Pfeiler, Lisenen, Stützen, Unterzüge, Vorlagen, Gesimse, Untersichten von Dachüberständen, Pilaster und dergleichen mit einer Breite von mehr als 1 m je Ansichtsfläche,*
   - *Treppenuntersichten,*
   - *Türen, Tore, Zargen,*
   - *Stahlprofile und Rohre mit einem Umfang von mehr als 90 cm,*
   - *Holzschalungen,*
   - *Heizkörper,*
   - *Gitter, Geländer, Zäune, Einfriedungen, Roste,*
   - *Trapezprofile, Wellbleche,*
   - *Blechdächer und dergleichen.*

0.5.2   *Längenmaß (m), getrennt nach Bauart und Maßen, für*
   - *Leibungen,*

- *Pfeiler, Lisenen, Stützen, Unterzüge, Vorlagen, Gesimse, Untersichten von Dachüberständen, Pilaster und dergleichen mit einer Breite bis 1 m je Ansichtsfläche,*
- *Treppenwangen,*
- *Leisten,*
- *Deckenbalken, Fachwerke und dergleichen aus Holz oder Beton,*
- *Sparren,*
- *Stahlprofile und Rohre mit einem Umfang bis 90 cm,*
- *Eckprofile, Gewebewinkel, Fugenprofile*
- *Rollladenführungsschienen, Ausstellgestänge, Anschlagschienen,*
- *Dachrinnen, Fallrohre,*
- *Kehlen, Schneefanggitter,*
- *Markierungen,*
- *Faschen, Umrahmungen, Abschlussstriche, Eckverbände, Farbabgrenzungen.*

0.5.3 *Anzahl (Stück), getrennt nach Bauart und Maßen, für*
- *Türen, Tore, Zargen,*
- *Fenster, Rollläden, Fensterläden,*
- *Gitter, Roste und Rahmen,*
- *Heizkörper, Heizkörperkonsolen und Halterungen,*
- *Motoren,*
- *Armaturen,*
- *Richtungspfeile, Buchstaben und dergleichen,*
- *Behandeln von Gerüstankerlöchern,*
- *Decken, Wände, Böden und Bekleidungen bei Flächen bis 2,5 m² Einzelgröße.*

0.5.4 *Masse (kg, t), für*
- *Silicon- und Kieselsäureester-Imprägniermittel.*

5 Abrechnung

Ergänzend zur ATV DIN 18299, Abschnitt 5, gilt:

5.1 Allgemeines

5.1.1 Der Ermittlung der Leistung – gleichgültig, ob sie nach Zeichnung oder nach Aufmaß erfolgt – sind die Maße der behandelten Flächen zugrunde zu legen.

5.1.2 Leisten, Sockelfliesen und dergleichen bis 10 cm Höhe werden übermessen.

5.1.3   Rückflächen von Nischen sowie Leibungen werden unabhängig von ihrer Einzelgröße mit ihren Maßen gesondert gerechnet.

5.1.4   Unmittelbar zusammenhängende, verschiedenartige Aussparungen, z. B. Öffnung mit angrenzender Nische, werden getrennt gerechnet.

5.1.5   Gesimse, Lisenen, Eckverbände, Umrahmungen und Faschen von Füllungen oder Öffnungen werden unabhängig davon, ob sie behandelt werden beim Ermitteln der Fläche übermessen.

5.1.6   Fenster, Türen, Trennwände, Bekleidungen und dergleichen werden je beschichtete Seite nach Fläche gerechnet; Verglasungen, Füllungen und dergleichen werden übermessen.

5.1.7   Bei Türen über 60 mm Dicke, bei Blockzargen über 60 mm Tiefe, bei Futter und Bekleidungen von Türen und Fenstern sowie bei Stahltürzargen und dergleichen wird die abgewickelte Fläche gerechnet.

5.1.8   Bei vieleckigen Einzelflächen, z. B. bei Treppenwangen, Eckverbänden, ist zur Ermittlung der Maße das kleinste umschriebene Rechteck zugrunde zu legen.

5.1.9   Fenstergitter, Scherengitter, Rollgitter, Roste, Zäune, Einfriedungen und Stabgeländer werden einseitig gerechnet.

5.1.10 Rohrgeländer werden nach Länge der Rohre und deren Durchmesser gerechnet.

5.1.11 Profile, Heizkörper, Trapezprofile, Wellbleche und dergleichen werden nach abgewickelter Fläche oder, soweit vorhanden, nach Tabellen gerechnet.

5.1.12 Bei Rohrleitungen werden Schieber, Flansche und dergleichen übermessen und gesondert gerechnet.

5.1.13 Werden Türen, Fenster, Rollläden und dergleichen nach Anzahl gerechnet, bleiben Abweichungen von den vorgeschriebenen Maßen bis jeweils 5 cm in der Höhe und Breite sowie bis 3 cm in der Tiefe unberücksichtigt.

5.1.14 Bei der Ermittlung der Maße von Gesimsen, Umrahmungen, Faschen und dergleichen wird jeweils das größte, gegebenenfalls abgewickelte Bauteilmaß zugrunde gelegt.
Dachrinnen werden am Wulst, Fallrohre im Außenbogen gemessen.

5.1.15 Silicon-Imprägnierungen und Kieselsäureester-Imprägnierungen werden nach verbrauchter Menge gerechnet.

5.2 **Es werden abgezogen**

5.2.1 Bei Abrechnung nach Flächenmaß:

5.2.1.1 Aussparungen, z.B. Öffnungen (auch raumhoch), Nischen, über 2,5 m² Einzelgröße, in Böden über 0,5 m² Einzelgröße.
Bei der Ermittlung der Abzugsmaße sind die kleinsten Maße der Aussparung zugrunde zu legen.

5.2.1.2 Unterbrechungen in der zu beschichtenden Fläche durch Bauteile, z.B. durch Fachwerkteile, Stützen, Unterzüge, Vorlagen, mit einer Einzelbreite über 30 cm.

5.2.2 Bei Abrechnung nach Längenmaß:
Unterbrechungen über 1 m Einzellänge.

DIN 18340
Trockenbauarbeiten
Ausgabe September 2012

5 Abrechnung
Ergänzend zur ATV DIN 18299, Abschnitt 5, gilt:

5.1 **Allgemeines**

5.1.1 Der Ermittlung der Leistung – gleichgültig, ob sie nach Zeichnung oder nach Aufmaß erfolgt – sind für Bekleidungen, Unterkonstruktionen, Dampfbremsen, Dämmstoff-, Trenn- und Schutzschichten, Schüttungen, Oberflächenbehandlungen, Schutzfolien, Haftbrücken und dergleichen die Maße der Bekleidung zugrunde zu legen.

5.1.2 Bei Flächen mit begrenzenden Bauteilen werden die Maße bis zu den sie begrenzenden ungeputzten, ungedämmten, unbekleideten Bauteilen zugrunde gelegt.
Systemböden, Trockenunterböden, Estriche, leichte Trennwände sowie Unterdecken und abgehängte Decken gelten als begrenzende Bauteile, sofern ihre Oberflächen nicht durchdrungen werden.

5.1.3 Bei der Ermittlung der Maße wird jeweils das größte, gegebenenfalls abgewickelte Bauteilmaß zugrunde gelegt, z.B. bei Gewölben, Teilbeplankungen, Wandanschlüssen, Wandecken, Wandeinbindungen und Wandabzweigungen, umlaufenden Friesen. Gleiches gilt bei Anarbeitungen an vorhandene und Einarbeitungen von vorhandenen Bauteilen, Einbauteilen und dergleichen. Fugen werden übermessen.

5.1.4 Unmittelbar zusammenhängende, verschiedenartige Aussparungen, z. B. Öffnung mit angrenzender Nische, werden getrennt gerechnet. Gleichartige Aussparungen, die durch konstruktive Elemente getrennt sind, werden ebenfalls getrennt gerechnet.

5.1.5 Bindet eine Aussparung anteilig in angrenzende, getrennt zu rechnende Flächen ein, wird zur Ermittlung der Übermessungsgröße die jeweils anteilige Aussparungsfläche gerechnet.

5.1.6 Bei Bekleidungen und bekleideten Flächen werden Anschlüsse, Reduzieranschlüsse, Friese, Randfriese, offene Fugen, Vertiefungen, Verkofferungen und dergleichen bis 30 cm Breite übermessen und gesondert gerechnet.

5.1.7 Rückflächen von Nischen, ganz oder teilweise bekleidete freie Wandenden und Wandoberseiten, Unterseiten von Schürzenbekleidungen sowie Leibungen werden unabhängig von ihrer Einzelgröße mit ihrem Maß gesondert gerechnet.

5.1.8 Sonderformate, z. B. Passplatten, werden gesondert gerechnet.

5.1.9 Gehrungen bei Friesen, Fugen, Nuten, Profilen und dergleichen werden je Richtungswechsel nur einmal gerechnet.

5.1.10 Bei Abrechnung von Einzelteilen von Bekleidungen nach Flächenmaß wird das kleinste umschriebene Rechteck zugrunde gelegt.

5.1.11 Flächen bis 5 m^2 werden getrennt gerechnet.

5.2 Es werden abgezogen:

5.2.1 Bei Abrechnung nach Flächenmaß:

5.2.1.1 Aussparungen, z. B. Öffnungen (auch raumhoch), Nischen, über 2,5 m^2 Einzelgröße, in Böden Aussparungen über 0,5 m^2 Einzelgröße.
Bei der Ermittlung der Abzugsmaße sind die kleinsten Maße der Aussparung zugrunde zu legen.

5.2.1.2 Unterbrechungen in der Bekleidung oder zu bekleidenden Fläche durch Bauteile, z. B. Fachwerkteile, Stützen, Unterzüge, Vorlagen, mit einer Einzelbreite über 30 cm.

5.2.2　Bei Abrechnung nach Längenmaß:
Unterbrechungen über 1 m Einzellänge.

DIN 18345
Wärmedämm-Verbundsysteme
Ausgabe September 2012

5　Abrechnung
Ergänzend zu ATV DIN 18299, Abschnitt 5, gilt:

5.1　Allgemeines

5.1.1　Der Ermittlung der Leistung – gleichgültig, ob sie nach Zeichnung oder nach Aufmaß erfolgt – sind für Wärmedämm-Verbundsysteme die Maße der fertigen Oberfläche zugrunde zu legen.

5.1.2　Bei der Ermittlung der Maße wird jeweils das größte, gegebenenfalls abgewickelte Bauteilmaß zugrunde gelegt, z. B. bei Wandanschlüssen, umlaufenden Friesen, Faschen, An- und Einarbeitungen von vorhandenen Bauteilen, Einbauteilen und dergleichen. Fugen werden übermessen.

5.1.3　Dekorprofile und Dekorelemente werden übermessen und gesondert gerechnet.

5.1.4　Gehrungen, Kreuzungen, Verkröpfungen und Endungen von Dekorgesimsen werden gesondert gerechnet.

5.1.5　Rückflächen von Nischen, auch wenn sie durch geringere Dämmstoffdicken gebildet werden, sowie Leibungen werden unabhängig von ihrer Einzelgröße mit ihren Maßen gesondert gerechnet.

5.1.6　Unmittelbar zusammenhängende, verschiedenartige Aussparungen, z. B. Öffnung mit angrenzender Nische, werden getrennt gerechnet.

5.1.7　Bindet eine Aussparung anteilig in angrenzende, getrennt zu rechnende Flächen ein, wird zur Ermittlung der Übermessungsgröße die jeweils anteilige Aussparungsfläche gerechnet.

5.1.8　Bei vieleckigen Einzelflächen ist zur Ermittlung der Maße das kleinste das Bauteil umschreibende Rechteck zugrunde zu legen.

5.2　Es werden abgezogen:

5.2.1　Bei Abrechnung nach Flächenmaß:

5.2.1.1 Aussparungen, z. B. Öffnungen, Nischen, über 2,5 m² Einzelgröße.
Bei der Ermittlung der Abzugsmaße sind die kleinsten Maße der Aussparung zugrunde zu legen.

5.2.1.2 Unterbrechungen in der zu dämmenden oder zu beschichtenden Fläche durch Bauteile, z. B. Fachwerkteile, Stützen, Unterzüge, Vorlagen, Friese, Gesimse, Balkonplatten, Podeste, mit einer Einzelbreite über 30 cm.

5.2.2 Bei Abrechnung nach Längenmaß:
Unterbrechungen über 1 m Einzellänge.

DIN 18349
Betonerhaltungsarbeiten
Ausgabe September 2012

5 Abrechnung
Ergänzend zur ATV DIN 18299, Abschnitt 5, gilt:

5.1 Allgemeines

5.1.1 Der Ermittlung der Leistung – gleichgültig, ob sie nach Zeichnung oder Aufmaß erfolgt – sind die Maße der behandelten Fläche zugrunde zu legen.

5.1.2 Die Wandhöhen überwölbter Räume werden bis zum Gewölbeanschnitt, die Wandhöhe der Schildwände bis zu ⅔ des Gewölbestiches gerechnet.

5.1.3 Bei der Flächenermittlung von gewölbten Decken mit einer Stichhöhe unter ⅙ der Spannweite wird die Fläche des überdeckten Raumes gerechnet. Gewölbe mit größerer Stichhöhe werden nach der Fläche der abgewickelten Untersicht gerechnet.

5.1.4 Binden Stützen in Unterzüge oder Balken ein, werden die Unterzüge und Balken durchgemessen, wenn sie breiter als die Stützen sind. Die Stützen werden in diesem Fall bis Unterseite Unterzug oder Balken gerechnet.

5.1.5 Bei ungleichmäßiger Dicke von Ausbrüchen und Schichten wird die größte Bearbeitungstiefe durch Profilvergleich vor und nach der Ausführung ermittelt.

5.1.6 Unmittelbar zusammenhängende verschiedenartige Aussparungen, z. B. Öffnung mit angrenzender Nische, werden getrennt gerechnet.

5.1.7 Treppenwangen werden in ihrer größten Breite gerechnet.

5.1.8 Reprofilierungen von Kanten werden in der Abwicklung gesondert gerechnet.

5.1.9 Freilegen von Bewehrungsstahl, Ausbrüchen sowie Wiederherstellen der Oberfläche werden nach den größten Maßen gerechnet.

5.1.10 Bei Abrechnung von nicht rechteckigen Einzelflächen nach Flächenmaß ist das kleinste umschriebene Rechteck zugrunde zu legen.

5.1.11 Bei Abrechnung der Schalung nach Flächenmaß ist das kleinste umschriebene Rechteck zugrunde zu legen.

5.1.12 Schutzabdeckungen werden in ihrer Abwicklung gerechnet.

5.2 Bewehrungsstahl

5.2.1 Die Vorbehandlung und der Korrosionsschutz des Bewehrungsstahles werden jeweils gesondert gerechnet. Kreuzungspunkte werden übermessen.

5.2.2 Liefern, Schneiden, Biegen und Einbauen von Bewehrungsstahl werden gesondert gerechnet. Maßgebend ist die errechnete Masse. Bei genormten Stählen gelten die Angaben in den DIN-Normen, bei anderen Stählen die Angaben im Profilbuch des Herstellers.

5.2.3 Bindedraht, Walztoleranzen und Verschnitt werden bei der Ermittlung der Abrechnungsmassen nicht berücksichtigt.

5.3 Fugenabdichtungen

Fugenbänder und Fugenprofile werden in ihrer größten Länge gerechnet, z. B. bei Schrägschnitten, Gehrungen.

5.4 Füllen von Rissen und Hohlräumen

5.4.1 Mehr- oder Minderverbrauch von Füllstoffen wird gesondert gerechnet.

5.4.2 Angleichen der abgedichteten Risse an die Betonstruktur wird nach der Risslänge gesondert gerechnet.

5.4.3 Bei Abrechnung flächiger Verdämmungen nach Flächenmaß ist das kleinste umschriebene Rechteck zugrunde zu legen.

5.5 Es werden abgezogen:

5.5.1 Bei Abrechnung nach Flächenmaß:

5.5.1.1 Aussparungen, z. B. Öffnungen, Nischen, über 2,5 m^2 Einzelgröße.

5.5.1.2 Unterbrechungen in der zu behandelnden Fläche durch Bauteile, z. B. Stützen, Unterzüge, Vorlagen, mit einer Einzelbreite über 30 cm.

5.5.2 Bei Abrechnung nach Längenmaß:
Unterbrechungen über 1 m Einzellänge.

DIN 18350
Putz- und Stuckarbeiten
Ausgabe September 2012

5 Abrechnung
Ergänzend zu ATV DIN 18299, Abschnitt 5, gilt:

5.1 Allgemeines

5.1.1 Der Ermittlung der Leistung – gleichgültig, ob sie nach Zeichnung oder nach Aufmaß erfolgt – sind zugrunde zu legen:

Für Putz, Stuck, Dämmstoff-, Trenn- und Schutzschichten, Auffütterungen, Bekleidungen, Dampfbremsen, Dübelungen, Vorsatzschalen, Unterkonstruktionen, flächige Bewehrungen und Putzträger, Folien sowie Vorbereiten von Untergründen

- auf Innenflächen ohne begrenzende Bauteile die Maße der zu behandelnden, zu dämmenden, zu bekleidenden oder mit Stuck zu versehenden Flächen,
- auf Innenflächen mit begrenzenden Bauteilen die Maße der zu behandelnden Flächen bis zu den sie begrenzenden, ungeputzten, ungedämmten, nicht bekleideten Bauteilen,
- bei Fassaden die Maße der geputzten Flächen.

5.1.2 Bei der Ermittlung der Maße wird jeweils das größte, gegebenenfalls abgewickelte Bauteilmaß zugrunde gelegt, z. B. bei Wandanschlüssen, umlaufenden Friesen, Faschen, An- und Einarbeitungen von vorhandenen Bauteilen, Einbauteilen und dergleichen. Fugen werden übermessen.

5.1.3 Die Wandhöhen überwölbter Räume werden bis zum Gewölbeanschnitt, die Wandhöhe der Schildwände bis zu 2/3 des Gewölbestichs gerechnet.

5.1.4 Bei der Flächenermittlung von gewölbten Decken werden diese nach der Fläche der abgewickelten Untersicht gerechnet.

5.1.5 Gehrungen, Kreuzungen, Verkröpfungen und Endungen von Stuckgesimsen werden gesondert gerechnet.

5.1.6 In Decken, Wänden, Dächern, Schalungen, Wand- und Deckenbekleidungen, Vorsatzschalen, Dämmstoffschichten, Dampfbremsen sowie leichten Außenwandbekleidungen werden Aussparungen, z. B. Öffnungen, Nischen, bis zu 2,5 m² Einzelgröße übermessen.

5.1.7 Rückflächen von Nischen sowie Leibungen werden unabhängig von ihrer Einzelgröße mit ihren Maßen gesondert gerechnet.

5.1.8 Unmittelbar zusammenhängende, verschiedenartige Aussparungen, z. B. Öffnung mit angrenzender Nische, werden getrennt gerechnet.

5.1.9 Bindet eine Aussparung anteilig in angrenzende, getrennt zu rechnende Flächen ein, wird zur Ermittlung der Übermessungsgröße die jeweils anteilige Aussparungsfläche gerechnet.

5.1.10 Bei vieleckigen Einzelflächen ist zur Ermittlung der Maße das kleinste umschriebene Rechteck zugrunde zu legen.

5.2 **Es werden abgezogen:**

5.2.1 Bei Abrechnung nach Flächenmaß:

5.2.1.1 Aussparungen, z. B. Öffnungen (auch raumhoch), Nischen, über 2,5 m² Einzelgröße.
Bei der Ermittlung der Abzugsmaße sind die kleinsten Maße der Aussparung zugrunde zu legen.

5.2.1.2 Unterbrechungen in der zu bearbeitenden Fläche durch Bauteile, z. B. Fachwerkteile, Stützen, Unterzüge, Vorlagen, Gesimse, Balkonplatten, Podeste, mit einer Einzelbreite über 30 cm.

5.2.2 Bei Abrechnung nach Längenmaß:
Unterbrechungen über 1 m Einzellänge.

DIN 18364
Korrosionsschutzarbeiten an Stahlbauten
Ausgabe September 2012

5 **Abrechnung**
Ergänzend zur ATV DIN 18299, Abschnitt 5, gilt:

5.1 **Allgemeines**

5.1.1 Der Ermittlung der Leistung – gleichgültig, ob sie nach Zeichnung oder Aufmaß erfolgt – sind die Maße der zu behandelnden Flächen zugrunde zu legen.

5.1.2 Bei genormten Profilen gelten die Angaben in den DIN-Normen, bei anderen Profilen die Angaben im Profilbuch des Herstellers.

5.1.3 Bei der Ermittlung der Maße wird jeweils das größte, gegebenenfalls abgewickelte Bauteilmaß zugrunde gelegt, z. B. bei Rohren das Maß des Außenbogens.

5.1.4 Bei Abrechnung nach Längenmaß werden Kreuzungen, Überdeckungen und Durchdringungen übermessen.

5.1.5 Bei Rohrleitungen werden auch Armaturen, Flansche und dergleichen übermessen, dabei werden Armaturen einschließlich ihrer Flansche sowie weitere Flansche einzeln nach Anzahl gerechnet.

5.1.6 Bei Abrechnung nach Flächenmaß wird die Fläche von Geländern, Rosten und Gittern nur einseitig mit der Ansichtsfläche gerechnet.

5.1.7 Bei Abrechnung nach Masse wird die Masse von Teilen, deren Flächen ganz oder teilweise nicht behandelt werden konnten, nicht abgezogen, so z. B. die Masse einbetonierte Stützenfüße.

5.1.8 Werden Tore, Türen, Fenster und dergleichen nach Anzahl gerechnet, bleiben Abweichungen von den vorgeschriebenen Maßen bis jeweils 5 cm in der Höhe und Breite sowie bis 3 cm in der Tiefe unberücksichtigt.

5.1.9 Bei Abrechnung nach Masse ist bei Blechen und Bändern
– aus Stahl die Masse von 7,85 kg/m^2,
– aus nicht rostendem Stahl die Masse von 7,90 kg/m^2,
je 1 mm Dicke zugrunde zu legen.
Verbindungselemente, z. B. Schrauben, Niete, Schweißnähte, bleiben bei der Ermittlung der Masse unberücksichtigt.

5.1.10 Bei Abrechnung der Verzinkung nach Masse wird die Masse der unverzinkten Stahlkonstruktionen und Bauteile zugrunde gelegt.

5.2 Es werden abgezogen:

5.2.1 Bei Abrechnung nach Flächenmaß:
Überdeckungen, Aussparungen, Durchdringungen und der gleichen über 0,1 m^2 Einzelgröße.

5.2.2 Bei Abrechnung nach Längenmaß:
Unterbrechungen über 1 m Einzellänge.

DIN 18365
Bodenbelagarbeiten
Ausgabe September 2012

5 Abrechnung
Ergänzend zur ATV DIN 18299, Abschnitt 5, gilt:

5.1 Allgemeines

5.1.1 Der Ermittlung der Leistung – gleichgültig, ob sie nach Zeichnung oder nach Aufmaß erfolgt – sind bei Bodenbelägen, Unterlagen und Schutzabdeckungen zugrunde zu legen:
- auf Flächen mit begrenzenden Bauteilen die Maße der belegten Flächen bis zu den begrenzenden, ungeputzten, nicht bekleideten Bauteilen,
- auf Flächen ohne begrenzende Bauteile deren Maße,
- auf Flächen von Stufen und Schwellen deren größte Maße.

5.1.2 Bei der Ermittlung des Längenmaßes wird die größte Bauteillänge gemessen.

5.1.3 In Bodenbeläge nachträglich eingearbeitete Teile, z. B. Intarsien, Markierungen, werden übermessen und gesondert gerechnet.

5.2 Es werden abgezogen

5.2.1 Bei Abrechnung nach Flächenmaß:
Aussparungen, z. B. für Öffnungen, Pfeiler, Pfeilervorlagen, Rohrdurchführungen, über 0,1 m^2 Einzelgröße.

5.2.2 Bei Abrechnung nach Längenmaß:
Unterbrechungen über 1 m Einzellänge.

DIN 18451
Gerüstarbeiten
Ausgabe September 2012

5 Abrechnung
Ergänzend zur ATV-DIN 18299, Abschnitt 5, gilt:

5.1 Allgemeines

5.1.1 Der Ermittlung der Leistung – gleichgültig, ob sie nach Zeichnung oder nach Aufmaß erfolgt – sind die Maße der eingerüsteten Flächen zugrunde zu legen.

5.1.2 Als eingerüstete Fläche gelten die Flächen und Bauteile, für deren Bearbeitung oder Schutz das Gerüst erstellt ist.

5.1.3 Als Standfläche eines Gerüstes gilt die vom Gerüst überbaute Fläche zwischen den Einleitungspunkten der Lasten aus der Gerüstkonstruktion in das Bauwerk oder in den Baugrund.

5.1.4 Die Höhe der Gerüste wird von deren Standfläche ausgehend gerechnet.

5.1.5 Werden Gerüste der Höhe nach abschnittsweise auf- oder abgebaut, wird die Höhe je Abschnitt von der Standfläche der Gerüste bis zum jeweils obersten Gerüstbelag, zuzüglich 2 m, jedoch nicht höher als bis zur höchsten Stelle der eingerüsteten Fläche gerechnet.

5.2 Arbeitsgerüste, Hänge- und Kletterbühnen

5.2.1 Bei Abrechnung von Arbeitsgerüsten sowie Hänge- und Kletterbühnen nach Flächenmaß wird die eingerüstete Fläche wie folgt berechnet:
– Die Länge wird in der größten horizontalen Abwicklung der eingerüsteten Fläche, mindestens mit 2,5 m, gerechnet. Vor- und Rücksprünge, werden nicht berücksichtigt, soweit sie die wandseitige, durch die Belagkante gebildete Gerüstflucht nicht unterbrechen.
– Die Höhe wird von der Standfläche des Gerüstes bis zur höchsten Stelle der eingerüsteten Fläche gerechnet, maximal bis 2 m über der obersten Belagfläche. Bei Hängebühnen, von denen aus nur Teilflächen bearbeitet werden, gilt Abschnitt 5.7.1 sinngemäß.
– Öffnungen in der eingerüsteten Fläche, z.B. Fenster, Tore, Durchfahrten, sowie überbrückte Gebäudeteile, Anbauten, Balkone, Erker und dergleichen werden unabhängig von ihren Maßen übermessen.

5.2.2 Verbreiterungen und Teilverbreiterungen von Gerüsten zum Ein- und Umrüsten von Bauteilen, z.B. für die Bearbeitung von Gesimsen, Dachüberständen, Rinnen, werden entsprechend der Länge des eingerüsteten oder umrüsteten Bauteils gerechnet.

5.2.3 Teilgerüste vor Dachgauben, Dachaufbauten und dergleichen werden in der Breite entsprechend der Abwicklung der eingerüsteten Bauteile und in der Höhe mit dem Maß bis zur höchsten Stelle dieser Bauteile gerechnet, maximal bis 2 m über der obersten Belagfläche.

5.2.4 Arbeitsgerüste vor Dachgauben, Dachaufbauten und dergleichen werden in der Länge durchgemessen, soweit die wandseitige, durch die Belagkante gebildete Gerüstflucht nicht unterbrochen ist und der Abstand zwischen den Dachgauben, Dachaufbauten und dergleichen nicht mehr als 2,5 m beträgt. Ansonsten gelten die Abschnitte 5.2.1 bis 5.2.3 entsprechend.

5.3 Schutzgerüste

5.3.1 Bei Abrechnung von Schutzgerüsten als Standgerüst nach Flächenmaß werden die eingerüsteten Flächen nach Abschnitt 5.2 gerechnet.

5.3.2 Bei Abrechnung von Fanggerüsten, Dachfanggerüsten, Schutzdächern, Fußgängertunneln und dergleichen nach Längenmaß wird die Länge in der größten Abwicklung an den Gerüstaußenseiten gerechnet.

5.4 Wetterschutzdächer

5.4.1 Wetterschutzdächer und deren Auflagergerüste werden getrennt gerechnet.

5.4.2 Bei Abrechnung von Auflagergerüsten für Wetterschutzdächer nach Flächenmaß werden die Ansichtsflächen der Gerüste zugrunde gelegt. Die jeweilige Länge wird in ihrer größten Abwicklung, gemessen an der Gerüstaußenseite, und die Höhe von der Standfläche bis zur Oberseite der Auflager für das Schutzdach gerechnet.

5.4.3 Bei Abrechnung von Wetterschutzdächern nach Flächenmaß wird die Fläche des Schutzdaches in ihrer vertikalen Projektion gerechnet.

5.5 Raumgerüste

5.5.1 Bei Abrechnung von Raumgerüsten in Innenräumen nach Raummaß wird das Volumen des eingerüsteten Raumes gerechnet.

5.5.2 Bei Raumgerüsten als Arbeits- oder Schutzgerüste, die eine freie Belagkante aufweisen, sind Länge und Breite des Gerüstes an den freien Gerüstseiten bis zur Belagkante zu rechnen, soweit die Maße der Gerüste durch ihre Zweckbestimmung bedingt sind.

5.5.3 Die Höhe wird von der Standfläche des Gerüstes durchgängig bis zur höchsten Stelle der vom Gerüst aus zu bearbeitenden Fläche gerechnet, maximal bis 2 m über der obersten Belagfläche.

5.6 Traggerüste

5.6.1 Bei Abrechnung von Traggerüsten nach Raummaß wird das Volumen des eingerüsteten Raumes gerechnet.

5.6.2 Bei freistehenden und nicht durch Bauteile begrenzten Traggerüsten sind Länge und Breite des Gerüstes an den freien Gerüstseiten bis zur Belagkante zu rechnen, soweit die Maße der Gerüste durch ihre Zweckbestimmung bedingt sind. Schalungsflächen gelten als Belagflächen.

5.6.3 Bei Traggerüsten für Brücken wird die Breite zwischen den Außenseiten des Überbaus gerechnet, die Länge zwischen den Widerlagern ohne Abzug von Zwischenpfeilern und Stützen.

5.6.4 Die Höhe wird von der Standfläche des Gerüstes bis zur Oberseite der Trägerlage des Gerüstes gerechnet.

5.7 Hängegerüste

5.7.1 Bei Abrechnung von Hängegerüsten vor Wandflächen nach Flächenmaß wird die Höhe von der Oberseite der untersten Gerüstlage bis zur höchsten Stelle der eingerüsteten Fläche gerechnet.

5.7.2 Bei Abrechnung von flächenorientierten Hängegerüsten wird mit den Maßen des Belages gerechnet, soweit die Maße des Belages durch den Einsatzzweck des Gerüstes bestimmt sind.

5.8 Konsolgerüste, Auslegergerüste, Bockgerüste
Bei Abrechnung von Konsolgerüsten, Auslegergerüsten und Bockgerüsten nach Längenmaß wird die Länge in der größten Abwicklung an den Gerüstaußenseiten gerechnet.

5.9 Überbrückungen
Überbrückungen, z. B. bei Öffnungen, Dächern, Gebäudeteilen, Anbauten, Durchfahrten, werden bei Abrechnung nach Längenmaß in der Länge des überbrückten Zwischenraumes gerechnet.

5.10 Gerüstbekleidungen
Bei Abrechnung von Gerüstbekleidungen nach Flächenmaß wird die tatsächliche Bekleidungsfläche gerechnet.

5.11 Gebrauchsüberlassung

5.11.1 Werden Gerüste ganz oder abschnittsweise vor dem vereinbarten Tag genutzt, so wird die Gebrauchsüberlassung des Gerüstes oder der genutzten Gerüstabschnitte vom ersten Tag der Nutzung gerechnet.

5.11.2 Die Gebrauchsüberlassung endet mit der Freigabe durch den Auftraggeber zum Abbau durch den Auftragnehmer, jedoch frühestens drei Werktage nach Zugehen der Mitteilung über die Freigabe beim Auftragnehmer.

5.11.3 Die Dauer der Gebrauchsüberlassung – ausgenommen bei Traggerüsten – rechnet je angefangene Woche.

5.11.4 Bei Traggerüsten werden die Dauer der Gebrauchsüberlassung sowie der zu vereinbarende Zeitraum der Vorhaltung während des Auf- und Abbaus nach Kalendertagen gerechnet.

Wiedergegeben mit Erlaubnis des DIN Deutsches Institut für Normung e. V. Maßgebend für das Anwenden der DIN-Normen ist deren Fassung mit dem neuesten Ausgabedatum, die bei der Beuth Verlag GmbH, Burggrafenstraße 6, 10787 Berlin, erhältlich ist.

Tabellen

DIN-Radiatoren

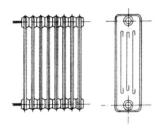

Heizfläche je Glied in m²							
	Bau- höhe H mm	Nabenab- stand N mm	Bautiefe T mm				
			70	110	160	220	250
Gussradiatoren DIN 4720	280	200	–	–	–	–	0,185
	430	350	–	–	0,185	0,255	–
	580	500	0,120	0,180	0,255	0,345	–
	980	900	0,205	–	0,440	0,580	–
Stahlradiatoren DIN 4722	300	200		–	–	–	0,160
	450	350		–	0,155	0,210	–
	600	500		0,140	0,205	0,285	–
	1000	900		0,240	0,345	0,480	–

Alte Norm	Nabenab- stand N mm	Bautiefe T mm			
		100	150	200	250
Gussradiatoren DIN 4720 (bis 31.12.1960)	300	0,09	0,14	0,18	0,22
	500	0,14	0,21	0,27	0,35
	600	0,16	0,24	0,31	0,40
	1000	0,25	0,37	0,49	0,63
Stahlradiatoren DIN 4722 (bis 31.12.1960)	200	–	–	0,12	0,16
	300	0,08	0,13	0,17	0,21
	500	0,13	0,20	0,26	0,33
	600	0,15	0,23	0,30	0,38
	1000	0,24	0,36	0,48	0,61

Stahl-Flachradiatoren
(ungenormte Sondergrößen)
Bauart ähnlich DIN 4722

Heizfläche je Glied in m²							
Fabrikat Beutler				Fabrikat Buderus			
Bauhöhe H mm	Nabenabstand N mm	Bautiefe T		Bauhöhe H mm	Nabenabstand N mm	Bautiefe H 72 mm	
		72 mm	110 mm				
450	350	–	0,104	472	400	0,086	
500	400	0,089	–	572	500	0,105	
600	500	0,105	–	672	600	0,124	
672	600	0,118	–	972	900	0,183	

Guss-Säulenradiatoren

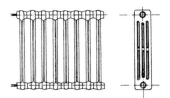

Heizfläche je Glied in m²					
Bauhöhe mm	Nabenabstand mm	Säulenzahl Bautiefe mm	2 70	4 140	6 216
290	220		–	0,10	0,16
420	350		0,08	0,15	0,23
570	500		0,11	0,19	0,29
670	600		0,13	0,23	0,35
870	800		0,16	0,29	0,45
1020	950		0,19	0,34	0,52

Stahl-Röhrenradiatoren

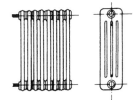

Heizfläche je Glied in m²							
Bauhöhe mm	Säulenzahl Bautiefe mm	1 30	2 62–65	3 100–105	4 136–145	5 173–180	6 210–220
160		–	0,02	0,04	0,05	0,07	0,08
180		–	–	–	–	0,08	0,09
190		–	0,02	0,04	0,06	–	–
200		0,017	0,03	0,05	0,06	0,08	0,09
250		0,021	0,04	0,06	0,08	0,10	0,12
300		0,025	0,04	0,07	0,10	0,12	0,15
350		0,028	0,05	0,08	0,11	0,14	0,17
400		0,032	0,06	0,09	0,13	0,16	0,20
450		0,036	0,07	0,11	0,15	0,18	0,22
500		0,039	0,08	0,12	0,16	0,20	0,24
550		0,043	0,09	0,13	0,18	0,22	0,27
600		0,046	0,10	0,14	0,19	0,24	0,29
750		0,057	0,12	0,18	0,24	0,30	0,36
900		0,068	0,14	0,21	0,29	0,36	0,43
1000		0,075	0,16	0,23	0,32	0,40	0,48
1100		0,083	0,17	0,26	0,35	0,44	0,53
1200		0,090	0,19	0,28	0,38	0,48	0,57
1500		0,111	0,24	0,35	0,48	0,60	0,72
1800		0,133	0,28	0,43	0,57	0,71	0,86
2000		0,148	0,31	0,47	0,63	0,79	0,95
2500		0,184	0,39	0,59	0,79	0,98	1,19
2800		0,205	0,44	0,66	0,89	1,09	1,33
3000		0,220	0,47	0,71	0,95	1,17	1,42

TABELLEN

Plattenheizkörper
profiliert

Heizfläche je m Baulänge in m²							
Fabrikat	Zahl der Reihen	Bauhöhe H mm					
Beutler		340	440	540	640	840	
Type P2	1 2	0,72 1,44	0,95 1,90	1,18 2,36	1,40 2,80	1,73 3,46	
Buderus		350	500	600	900		
Type P PP	1 2	0,81 1,63	1,17 2,35	1,40 2,80	2,10 4,21		
Hagan		300	400	500	600	700	900
Type I II III	1 2 3	0,66 1,32 1,98	0,88 1,76 2,64	1,10 2,20 3,30	1,32 2,64 3,96	1,54 3,08 4,62	1,90 3,80 5,70
Rausch		300	440	590	740	990	
Type 1 1–2	1 2	0,70 1,40	1,00 2,00	1,32 2,64	1,65 3,30	2,20 4,40	
Schäfer		300	400	500	600	750	900
Type E D	1 2	0,73 1,41	0,94 1,85	1,18 2,32	1,43 2,79	1,75 3,46	2,10 4,18

Plattenheizkörper
mit Konvektionsblechen

Heizfläche je m Baulänge in m²

Fabrikat	Zahl der Reihen	Bauhöhe H mm					
Beutler		340	440	540	640	840	
Type P2-I K	1	1,323	1,827	2,330	2,825	3,70	
P2 II K	2	2,646	3,654	4,660	5,650	7,40	
Buderus		350	500	600	900		
Type PK	1	1,75	2,68	3,30	5,14		
PKKP	2	3,50	5,36	6,60	10,27		
PKPKKP	3	5,25	8,04	9,90	15,40		
Hagan		300	400	500	600	700	900
Type PK 11	1	0,66	0,88	1,10	1,32	1,54	1,90
PK 22	2	1,32	1,76	2,20	2,64	3,08	3,80
PK 33	3	1,98	2,64	3,30	3,96	4,62	5,70
Rausch		300	440	590	740	990	
Type K	1	1,05	1,50	1,98	2,48	3,30	
K-2	2	2,10	3,00	3,96	4,96	6,60	
K-3	3	3,15	4,50	5,94	7,44	9,90	
Schäfer		300	400	500	600	750	900
Type EK	1	1,38	1,85	2,32	2,77	3,43	4,15
DK	2	2,77	3,69	4,61	5,53	6,86	8,29
DKEK	3	4,15	5,51	6,93	8,30	10,30	12,45

Wellbleche (DIN 59231)

Profil-bezeichnung	Wellenhöhe (h) in mm	Wellenbreite (b) in mm	Baubreite (Tafelbreite) in mm	Anstrichfläche je m Tafel-länge (nicht eingedeckt)	Abwicklung (eingedeckt) je m² ebener Fläche
15/30	15	30	630	0,946	1,467
20/40	20	40	640	0,990	1,500
18/76	18	76	836	0,966	1,105
27/100	27	100	800	0,969	1,140
30/135	30	135	810	0,975	1,111
45/150	45	150	750	0,990	1,200
48/100	48	100	600	0,962	1,480

Pfannenbleche (DIN 59231)

Tafelbreite: 850 mm, Tafellänge 500 mm bis 2000 mm	1,17

Mittelbreite I-Träger
DIN EN 10034
(alte Norm DIN 1025)

Schmale I-Träger
DIN EN 10024
(alte Norm DIN 1025)

Kurz-zeichen IPE	Höhe h mm	Breite b mm	Mantelfläche U m^2/m	m^2/t	Kurz-zeichen INP	Höhe h mm	Breite b mm	Mantelfläche U m^2/m	m^2/t
80	80	46	0,328	54,66	80	80	42	0,304	51,17
100	100	55	0,400	49,38	100	100	50	0,370	44,36
120	120	64	0,475	45,67	120	120	58	0,439	39,54
140	140	73	0,551	42,71	140	140	66	0,502	35,10
160	160	82	0,623	39,43	160	160	74	0,575	32,12
180	180	91	0,698	37,12	180	180	82	0,640	29,22
200	200	100	0,768	34,28	200	200	90	0,709	27,06
220	220	110	0,848	32,36	220	220	98	0,775	24,91
240	240	120	0,922	30,03	240	240	106	0,844	23,31
270	270	135	1,04	28,81	260	260	113	0,906	21,62
300	300	150	1,16	27,48	280	280	119	0,966	20,16
330	330	160	1,25	25,45	300	300	125	1,03	19,00
360	360	170	1,35	23,64	320	320	131	1,09	17,86
400	400	180	1,47	22,17	340	340	137	1,15	16,91
450	450	190	1,61	20,74	360	360	143	1,21	15,90
500	500	200	1,74	19,18	380	380	149	1,27	15,11
550	550	210	1,88	17,73	400	400	155	1,33	14,39
600	600	220	2,01	16,47	425	425	163	1,41	13,55
					450	450	170	1,48	12,86
					475	475	178	1,55	12,10
					500	500	185	1,63	11,56
					550	550	200	1,80	10,84
					600	600	215	1,92	9,65

Breite I-Träger (HE B) mit parallelen Flanschflächen
DIN EN 10034
(alte Norm DIN 1025)

Breite I-Träger mit geneigten inneren Flanschflächen
DIN EN 10034 (alte Norm DIN 1025)

Kurz-zeichen IPB	Höhe h mm	Breite b mm	Mantelfläche U m²/m	m²/t	Kurz-zeichen IB	Höhe h mm	Breite b mm	Mantelfläche U m²/m	m²/t
100	100	100	0,567	27,79	100	100	100	0,556	26,48
120	120	120	0,686	25,69	120	120	120	0,665	24,45
140	140	140	0,805	23,88	140	140	140	0,780	22,94
160	160	160	0,918	21,54	160	160	160	0,888	19,73
180	180	180	1,04	20,31	180	180	180	1,018	20,04
200	200	200	1,15	18,76					
220	220	220	1,27	17,76					
240	240	240	1,38	16,58					
260	260	260	1,50	16,12					
280	280	280	1,62	15,72					
300	300	300	1,73	14,78					
320	320	300	1,77	13,93					
340	340	300	1,81	13,50					
360	360	300	1,85	13,02					
400	400	300	1,93	12,45					
450	450	300	2,03	11,87					
500	500	300	2,12	11,33					
550	550	300	2,22	11,15					
600	600	300	2,32	10,94					
650	650	300	2,42	10,75					
700	700	300	2,52	10,45					
800	800	300	2,71	10,34					
900	900	300	2,91	10,00					
1000	1000	300	3,11	9,90					

Breite I-Träger (HE A) leichte Ausführung
DIN EN 10034
(alte Norm DIN 1025)

Breite I-Träger (HE M) verstärkte Ausführung
DIN EN 10034
(alte Norm DIN 1025)

Kurz-zeichen IPBl	Höhe h mm	Breite b mm	Mantelfläche U m²/m	m²/t	Kurz-zeichen IPBv	Höhe h mm	Breite b mm	Mantelfläche U m²/m	m²/t
100	96	100	0,561	33,59	100	120	106	0,619	14,81
120	114	120	0,677	34,02	120	140	126	0,738	14,17
140	133	140	0,794	32,15	140	160	146	0,857	13,56
160	152	160	0,906	29,80	160	180	166	0,970	12,73
180	171	180	1,02	28,73	180	200	186	1,09	12,26
200	190	200	1,14	26,95	200	220	206	1,20	11,65
220	210	220	1,26	24,95	220	240	226	1,32	11,28
240	230	240	1,37	22,70	240	270	248	1,46	9,30
260	250	260	1,48	21,70	260	290	268	1,57	9,13
280	270	280	1,60	20,94	280	310	288	1,69	8,94
300	290	300	1,72	19,48	300	340	310	1,83	7,69
320	310	300	1,76	18,03	320/305	320	305	1,78	10,06
340	330	300	1,79	17,05	320	359	309	1,87	7,63
360	350	300	1,83	16,34	340	377	309	1,90	7,66
400	390	300	1,91	15,28	360	395	308	1,93	7,72
450	440	300	2,01	14,36	400	432	307	2,00	7,81
500	490	300	2,11	13,61	450	478	307	2,10	7,98
550	540	300	2,21	13,31	500	524	306	2,18	8,07
600	590	300	2,31	12,98	550	572	306	2,28	8,20
650	640	300	2,41	12,68	600	620	305	2,37	8,32
700	690	300	2,50	12,25	650	668	305	2,47	8,43
800	790	300	2,70	12,05	700	716	304	2,56	8,50
900	890	300	2,90	11,51	800	814	303	2,75	8,68
1000	990	300	3,10	11,40	900	910	302	2,93	8,80
					1000	1008	302	3,13	8,97

Hochstegiger T-Stahl (T)
DIN EN 10055 (alte Norm DIN 1024)

Breitfüßiger T-Stahl (TB)
DIN EN 10055 (alte Norm DIN 1024)

Kurz-zeichen	Höhe h mm	Breite b mm	Mantelfläche U m^2/m	m^2/t
T 20	20	20	0,075	85,83
T 25	25	25	0,094	72,87
T 30	30	30	0,114	64,41
T 35	35	35	0,133	57,08
T 40	40	40	0,153	51,69
T 45	45	45	0,171	46,59
T 50	50	50	0,191	43,02
T 60	60	60	0,229	36,76
T 70	70	70	0,268	32,21
T 80	80	80	0,307	28,69
T 90	90	90	0,345	25,75
T 100	100	100	0,383	23,35
T 120	120	120	0,459	19,78
T 140	140	140	0,537	17,16

Kurz-zeichen	Höhe h mm	Breite b mm	Mantelfläche U m^2/m	m^2/t
TB 30	30	60	0,171	46,98
TB 35	35	70	0,201	43,13
TB 40	40	80	0,233	37,52
TB 50	50	100	0,287	30,47
TB 60	60	120	0,345	25,75

Runde Stahlrohre
DIN EN 10220 (alte Norm DIN 2448)

Nennweite NW	Außendurch-messer	Innendurch-messer	Oberfläche in m^2/m
20	26,9	22,3	0,0845
25	33,7	28,5	0,1058
32	42,4	37,2	0,1331
40	48,3	43,1	0,1517
50	60,3	54,5	0,1893
65	76,1	70,3	0,239
80	88,9	82,5	0,279
100	114,3	107,1	0,359
125	139,7	131,7	0,439
150	168,3	159,3	0,528
200	219,1	207,3	0,688
250	273,0	260,4	0,857

Gleichschenkliger Winkelstahl
DIN EN 10056 (alte Norm DIN 1028)

Kurzzeichen L a × s mm	Mantelfläche U m²/m	m²/t
20 × 3, 4	0,077	87,50 / 67,54
25 × 3, 4, 5	0,097	86,61 / 66,90 / 54,80
30 × 3, 4, 5	0,116	85,29 / 65,17 / 53,21
35 × 3, 4, 5, 6	0,136	85,00 / 64,76 / 52,92 / 44,74
40 × 3, 4, 5, 6	0,155	84,24 / 64,05 / 52,19 / 44,03
45 × 4, 5, 6, 7	0,174	63,50 / 51,48 / 43,50 / 37,83
50 × 4, 5, 6, 7, 8, 9	0,194	63,40 / 51,46 / 43,40 / 37,67 / 33,33 / 29,99
55 × 5, 6, 8, 10	0,213	50,96 / 43,03 / 32,97 / 26,96
60 × 5, 6, 8, 10	0,233	50,99 / 42,99 / 32,86 / 26,81
65 × 6, 7, 8, 9, 11	0,252	42,64 / 36,90 / 32,60 / 29,23 / 24,47
70 × 6, 7, 9, 11	0,272	42,63 / 36,86 / 29,12 / 24,29
75 × 6, 7, 8, 10, 12	0,291	42,36 / 36,65 / 32,23 / 26,22 / 22,21
80 × 6, 7, 8, 10, 12, 14	0,311	42,37 / 36,63 / 32,20 / 26,13 / 22,06 / 19,32
90 × 7, 8, 9, 11, 13, 16	0,351	36,52 / 32,20 / 28,77 / 23,88 / 20,53 / 16,96
100 × 8, 10, 12, 14, 16, 20	0,390	31,97 / 25,83 / 21,91 / 18,93 / 16,81 / 13,73
110 × 10, 12, 14	0,430	25,90 / 21,83 / 18,86
120 × 10, 11, 12, 13, 15	0,469	25,77 / 23,57 / 21,71 / 20,13 / 17,63
130 × 12, 14, 16	0,508	21,53 / 18,68 / 16,44
140 × 13, 15	0,547	19,89 / 17,42
150 × 12, 14, 15, 16, 18, 20	0,586	21,47 / 18,54 / 17,34 / 16,32 / 14,61 / 13,26
160 × 15, 17, 19	0,625	17,27 / 15,36 / 13,86
180 × 16, 18, 20, 22	0,705	16,21 / 14,51 / 13,13 / 12,03
200 × 16, 18, 20, 24, 28	0,785	16,19 / 14,46 / 13,11 / 11,04 / 9,57

Ungleichschenkliger Winkelstahl
DIN EN 10056 (alte Norm DIN 1029)

Kurzzeichen L a × b × s mm	Mantelfläche U m²/m	m²/t
30 × 20 × 3 / 4	0,097	87,39 / 66,90
40 × 20 × 3 / 4	0,117	86,67 / 66,10
45 × 30 × 3 / 4 / 5	0,146	84,88 / 64,89 / 52,71
50 × 30 × 5	0,156	52,70
50 × 40 × 4 / 5	0,177	65,31 / 52,84
60 × 30 × 5 / 7	0,175	51,93 / 38,13
60 × 40 × 5 / 6 / 7	0,195	51,86 / 43,72 / 37,94
65 × 50 × 5 / 7 / 9	0,224	51,49 / 37,52 / 29,79
75 × 50 × 5 / 7 / 9	0,244	51,48 / 37,48 / 29,65
75 × 55 × 5 / 7 / 9	0,254	51,31 / 37,35 / 29,57
80 × 40 × 6 / 8	0,234	43,25 / 33,10
80 × 65 × 6 / 8 / 10	0,283	42,88 / 32,68 / 26,45
90 × 60 × 6 / 8	0,294	43,11 / 32,81
90 × 75 × 7	0,322	36,84
100 × 50 × 6 / 8 / 10	0,292	42,63 / 32,48 / 26,31
100 × 65 × 7 / 9 / 10	0,321	36,60 / 28,92 / 23,96
100 × 75 × 7 / 9 / 11	0,341	36,59 / 28,90 / 23,85
120 × 80 × 8 / 10 / 12 / 14	0,391	32,05 / 26,07 / 21,97 / 19,07
130 × 65 × 8 / 10 / 12	0,381	32,02 / 26,10 / 22,02
130 × 75 × 8 / 10 / 12	0,401	32,08 / 26,04 / 21,91
130 × 90 × 10 / 12	0,430	25,90 / 21,83
150 × 75 × 9 / 11	0,441	28,82 / 23,71
150 × 90 × 10 / 12	0,469	25,77 / 21,71
150 × 100 × 10 / 12 / 14	0,489	25,74 / 21,64 / 18,74
160 × 80 × 10 / 12 / 14	0,469	25,77 / 21,72 / 18,76
180 × 90 × 10 / 12 / 14	0,528	25,63 / 21,55 / 18,66
200 × 100 × 10 / 12 / 14 / 16	0,587	25,52 / 21,50 / 18,58 / 16,35
200 × 90 × 10 / 12 / 14 / 16	0,667	25,56 / 21,45 / 18,53 / 16,31

Rundkantiger U-Stahl
(DIN 1026)

Rundkantiger Z-Stahl
(DIN 1027)

Kurz-zeichen U	Höhe h mm	Breite b mm	Mantelfläche U m²/m	m²/t	Kurz-zeichen ⌐	Höhe h mm	Breite b mm	Mantelfläche U m²/m	m²/t
30 × 15	30	15	0,103	59,20	30	30	38	0,198	58,41
30	30	33	0,174	40,74	40	40	40	0,225	52,82
40 × 20	40	20	0,142	49,48	50	50	43	0,253	47,65
40	40	35	0,199	40,86	60	60	45	0,282	45,41
50 × 25	50	25	0,181	46,89	80	80	50	0,339	38,92
50	50	38	0,232	41,50	100	100	55	0,397	34,82
60	60	30	0,215	42,41	120	120	60	0,454	31,75
65	65	42	0,273	38,50	140	140	65	0,511	28,39
80	80	45	0,312	36,11	160	160	70	0,569	26,34
100	100	50	0,372	35,09	180	180	75	0,626	23,98
120	120	55	0,434	32,39	200	200	80	0,683	22,47
140	140	60	0,489	30,56					
160	160	65	0,546	29,04					
180	180	70	0,611	27,77					
200	200	75	0,661	26,13					
220	220	80	0,718	24,42					
240	240	85	0,775	23,34					
260	260	90	0,834	22,01					
280	280	95	0,890	21,29					
300	300	100	0,950	20,56					
320	320	100	0,982	16,50					
350	350	100	1,05	17,33					
380	380	102	1,11	17,59					
400	400	110	1,18	16,43					

Literatur

Biskop, D. u. a.: Betonerhaltungsarbeiten. Kommentar zur BOB Teil C, DIN 18299 und DIN 18349. Beuth Verlag GmbH: Berlin, Wien, Zürich 2004

Franz, Rainer u. a.: Kommentar ATV DIN 18350 und DIN 18299, Putz- und Stuckarbeiten. 13. Auflage, Vieweg + Teubner: Wiesbaden 2011

Heiermann, Wolfgang, u. a.: Handkommentar zur VOB, Teil A und B. 12. Auflage, Vieweg + Teubner: Wiesbaden 2011

Heiermann, Wolfgang und Keskari, Leo: VOB/C Kommentar – Gerüstarbeiten, Praktische Erläuterungen zu den ATV DIN 18299 und DIN 18451. 5. überarbeitete Auflage, Verlagsgesellschaft Rudolf Müller: Köln 2008

Kommentar zur VOB Teil C, Allgemeine Technische Vertragsbedingungen (ATV) DIN 18363 – Maler- und Lackiererarbeiten – Beschichtungen sowie zur ATV DIN 18299 Allgemeine Regelungen für Bauarbeiten jeder Art, auf dem Stand der VOB 2006. Hg. Hauptverband Farbe Gestaltung Bautenschutz. DVA: München ^{2}2008

Mänz, Volker und Schwarz, Eugen: Trockenbauarbeiten, Kommentar zur VOB Teil C, ATV DIN 18340 und ATV DIN 18299, 3. Auflage, Beuth Verlag GmbH: Berlin, Wien, Zürich 2010

Verdingungsordnung für Bauleistungen: VOB, Ausgabe 2012, Im Auftrag des Deutschen Verdingungsausschusses für Bauleistungen hrsg. vom DIN, Deutsches Institut für Normung e. V. Beuth Verlag GmbH: Berlin, Wien, Zürich 2012

Weißert, Markus und Nietiedt, Tom: Kommentar ATV DIN 18345 und 18299, Wärmedämm-Verbundsysteme. C. Maurer Verlag: Ausgabe Oktober 2005

Stichwortverzeichnis

Abrechnung nach Flächenmaß 15, 17 ff., 69 ff., 80, 82, 83, 95, 102
Abrechnung nach Längenmaß 15, 33 ff., 44, 48, 56, 58, 69, 75, 76, 79 f., 81 ff., 90, 93, 96 f., 107, 110
Abrechnung nach Masse 15, 82, 97
Abrechnung nach Stück/Anzahl 15, 35, 41 ff., 44, 73, 76, 80, 81 ff., 89, 96
Abrechnung, Prüfbarkeit 14
Abwicklung
- Futter und Bekleidung 41 ff.
- Gerüst 102 f., 106, 110
- Türblatt 41 f.
Abzug
- von Aussparungen 20 ff., 26, 37, 55, 74 ff., 78, 90, 96
- in Böden 37, 74
- der Estrichhöhe 15, 37
- von Fußleisten und Sockelfliesen 38 f.
- beim Längenmaß 33
- von Nischen 21 ff., 74, 78
- von Öffnungen 21 ff., 40, 55, 74, 90, 92
- von Wandbekleidungen 39
Anstrichseiten
- bei Fenstern 44
- bei Gittern 49
- bei Fensterläden 45
- bei Stück 35
- bei Türen 41 ff.
- Schreibweise 19
Arbeitsgerüst 106 ff.

Armaturen 96
ATV (Allgemeine Technische Vertragsbedingungen) 11 ff., 121 ff.
- DIN 18299 11 ff., 121
- DIN 18340 69 ff., 124 ff.
- DIN 18345 11, 78 ff., 126 f.
- DIN 18349 82 ff., 127 ff.
- DIN 18350 87 ff., 129 f.
- DIN 18363 11 ff., 17 ff., 33 ff., 121 ff.
- DIN 18364 48, 95 ff., 130 f.
- DIN 18365 99 ff., 132
- DIN 18366 11, 17 ff.
- DIN 18451 102 ff., 132 ff.
Auffütterungen 80
Aufmessen, gemeinsam 14
Ausbrüche 84 ff.
Aussparung
- Abrechnung 21 ff., 37, 40, 55, 72, 74 ff., 83, 89, 90, 96, 100
- Definition 20
- Herstellung 75 f.
Ausstellereinrichtung 45

Balken 23, 36
Besondere Leistungen 12 f., 45, 58, 75, 77, 80, 81, 83, 93, 100, 104, 112
Bewehrungsstahl 84 ff.
- Entrostung 86
- Korrosionsschutz 86
Bodenbelagarbeiten, Abrechnung von 99 ff.

Dachrinne 33 f.
Dachuntersicht, Dachüberstand 33, 58

Decke 36 f., 90
- abgehängte 37 f., 70, 89
- Balken 23, 36
- gewölbte 36
- Oberlicht 36
- Unterzug 36
Dezimalstellen bei Maßzahlen 20

Eckfenster 26, 32, 55, 78 f.
Eckständer beim Fachwerk 56
Eckschutzschiene 75
Eckverband 57
Erkerfenster 26, 79
Einfassung aus Naturstein 57
Einheitspreisvertrag 13
Estrich 15, 37 ff., 70, 88 ff.

Fachwerk, Abrechnung 56
Fachwerk, Abzug 21, 23, 56, 91
Fallrohr 33 f.
Faschen 34, 56 ff., 79, 93
Fassade, Abrechnung 55 ff., 92 ff.
Fenster, Abrechnung 44 f.
Fensterbank 33
Fensterladen 45
Fensterseite 19
Fenster-Tür-Element 25
Fertigmaß 15, 37, 43. 45, 55, 82, 92, 95
Flächenmaß, Abrechnung nach 15, 19 ff., 69 ff., 80, 82, 83, 95, 102
Flansch 33, 47, 96 f.
Fries 21, 76, 79, 80
Fugen 76
Fußbodenbelag 99
Fußbodenbeschichtung 37

Gerüstarbeiten
- Abrechnungslänge 102, 104, 106
- Aufmaßhöhe 104, 105
- Dachgauben 107 ff.
- Gebrauchsüberlassung 111 f.
- Gerüstbekleidung 111
- Grundeinsatzzeit 111 f.
- Lasteinleitung 103 f.
- Standfläche 103 f.
- Teileinrüstung 104 f.
- Überbrückung 110
- Verbreiterung 107
Geländer 49 f., 95
Gesimse 33, 34, 36, 40, 56, 58, 80, 91, 92
Gewölbe 36
Gitter 49 f.

Handlauf 33, 49, 51
Heizkörper, Abrechnung 45 ff.
- nach Aufmaß (abgewickelte Fläche) 46 ff.
- nach Tabellen 45 ff.

Kamin 20, 36, 90
Kanten 73, 83, 84
Kassettendecke 37
Kastenfenster 44 f.
Klappladen 45
Kleinflächen 35, 73, 80, 89

Längenmaß
- Abrechnung nach 15, 33 f., 55, 58, 69, 75, 76, 79 f., 81 ff., 90, 93, 95, 107, 110
- Abzug beim 33, 93
Leibung
- Abrechnung 21 ff., 33, 55, 75, 81, 83, 90 f.
- Definition 21, 91

- bei Nischen 22, 23, 32, 83, 90
Leistungsermittlung 14 f.
- nach Aufmaß 15, 37 ff., 43, 45, 46 f., 69, 78, 87, 95, 89, 102
- nach Zeichnung 14 f., 69, 87, 90, 99, 102
Lisenen 56, 80

Maß
- errechnetes 20
- Schreibweise 20
- vorhandenes 20
mathematische Form 15 f.
Multiplikator für Heizkörper 46 ff.

Nebenleistungen 12, 45, 47 f., 77, 90, 111
Nischen
- Abrechnung 21 ff., 32, 35, 74, 78
- Definition 21, 90

Öffnung
- Abrechnung 20 ff., 26, 40, 55, 74, 78, 90, 92, 100
- Definition 20
- Herstellen von 75, 76
Ortgang 58

Perimeterdämmung 80
Pfannenblech
- Abrechnung 49
- Tabelle 142
Pfeiler 33, 36, 69, 80, 100 f.
Pilaster 33
Plattenheizkörper
- Abrechnung 46 ff.
- Tabellen 140 f.
Podest und Podestuntersicht 21, 50, 57

Profilbleche 49
Prüfbarkeit der Abrechnung 14
Putz- und Stuckarbeiten
- Innenarbeiten 87 ff.
- Fassaden 92 ff.
Putzstärke 15, 37 ff.

Radiatoren
- Abrechnung 45 ff.
- Tabellen 137 ff.
Raumfolge 19
Rohre 33, 47 f., 96
Rohrgeländer 50
Rollladen 45
- Ausstellereinrichtung 45
- Laufschiene 45, 59 f.
Rollladenkasten 24
Rollgitter 50
Rückfläche von Nischen 23, 32, 74
Runden 20
Rundfenster 59 f.

Schalung 86
Schaufenster 44
Schieber 33
Schienen 45, 58 ff., 76, 93
Schreibregeln 19 f.
Schreibweise 15 f.
- mathematische Form 15 f.
- Spaltenform 15 f.
Schildwand 40
Schutzgerüst 109
Schwellen 99 f.
Sockelfliese 38 f., 51
Sockelleiste 100 f.
Spaltenform 15 f.
Sprossenfenster 44
Stahlbauteile

STICHWORTVERZEICHNIS

- Abrechnung 48 ff., 95 ff.
- Tabellen 137 ff.
Stahlzarge 43
Standfläche 103 f.
Straßenseite 19, 32
Stück
- Abrechnung nach Anzahl 15, 35, 41 ff., 44, 73, 76, 80, 81 ff., 84, 89, 96
- Maßabweichungen 35
- Schreibweise 35
Stückzahl 19
Stufen 51, 99 f.
Stütze 33, 80, 83, 87, 90 f., 97

Trapezblech 49
Treppenhaus, Abrechnung 51 ff.
Treppenuntersicht 51
Treppe, gewendelt 51, 99 f.
Treppenwange 51 ff.
Trockenbauarbeiten 69 ff.
Türen
- Abrechnung 41 ff.
- Blendrahmentür 43
- Blockzarge (Stockrahmen) 42 f.
- Füllungen 41
- Futter und Bekleidung 41 ff.
- Türblatt 41 ff.
- Stahlzarge 43

Überdeckung 96
Umrahmung 34, 55 f., 92, 93
Unterbrechung

- Abrechnung 23 f., 33, 36, 51, 55, 56, 58, 74, 80, 83, 91, 92, 100
- Definition 21, 77
Unterzug 21, 33, 36, 69, 80, 82, 87, 91

Verkofferung 69, 76
Vieleckige Einzelfläche 40, 89
VOB 11 f.
- Abrechnung nach 12
- Teil A (DIN 1960) 11, 13
- Teil B (DIN 1961) 11, 13, 14
- Teil C 11 f., 15, 121 ff.
- Vereinbarung der 11 f.
Vorlage 21, 23 f., 33, 80, 83, 90, 91, 100

Wände
- Abrechnung 37 ff.
- abgehängte Decke 37 ff., 70 f.
- Leisten 37 f., 74 f.
- nicht tragend 69 ff.
- Schildwände 40
- schräge 40 f.
- Sockelfliesen 38 f., 51
- Treppenhaus 51
- überwölbter Raum 40
- Wandbekleidungen 39, 69 ff.
Wärmedämm-Verbundsysteme, Abrechnung 78 ff.
Wellblech
- Abrechnung 49
- Tabelle 142

Zaun 49

**Bundesverband Farbe Gestaltung Bautenschutz (Hg.)
Grundlagen der Preisberechnung
im Maler- und Lackiererhandwerk**
Korrigierte Ausgabe 2011
ISBN 978-3-421-03607-0

www.dva.de

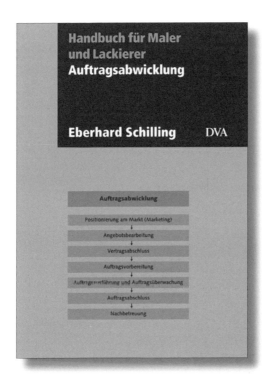

Eberhard Schilling
Auftragsabwicklung
Handbuch für Maler und Lackierer
mit CD
ISBN 978-3-421-03920-0

www.dva.de